MARCO POLO

Tipps

SAN FRANCISCO

KANADA

Washington
Montana
North Dakota
Oregon
Idaho
South Dakota
San Francisco
Wyoming
Iowa
Nevada
Nebraska
Utah
USA
Colorado
Kansas
Kalifornien
Los Angeles
Arizona
New Mexico
Oklahoma
PAZIFISCHER OZEAN
Texas
MEXIKO

MARCO POLO Koautor
Roland Austinat

Roland Austinat mag die Mischung aus verrückten Typen und entspannter Atmosphäre seiner Wahlheimat, aus der er seit 2004 als freier Journalist über die neuesten touristischen Attraktionen, aber auch über Fahrradkuriere, Gehirnforscher und Videospielerfinder berichtet. Mit Reporterspürsinn entdeckt er immer wieder neuer Winkel von San Francisco und überrascht damit seine Leser.

www.marcopolo.de/sanfrancisco

← UMSCHLAG VORN:
DIE WICHTIGSTEN HIGHLIGHTS

Die besten Insider-Tipps → S. 4

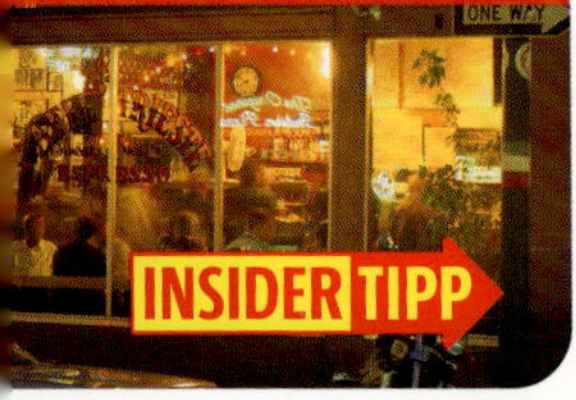

Best of ... → S. 6

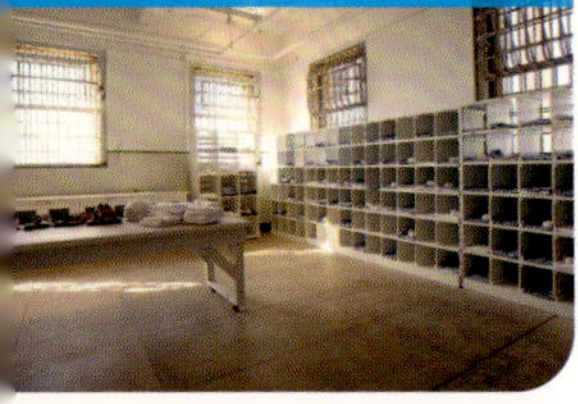

Sehenswertes → S. 26

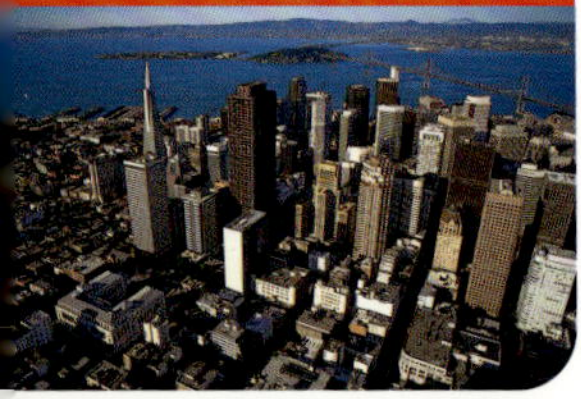

Essen & Trinken → S. 60

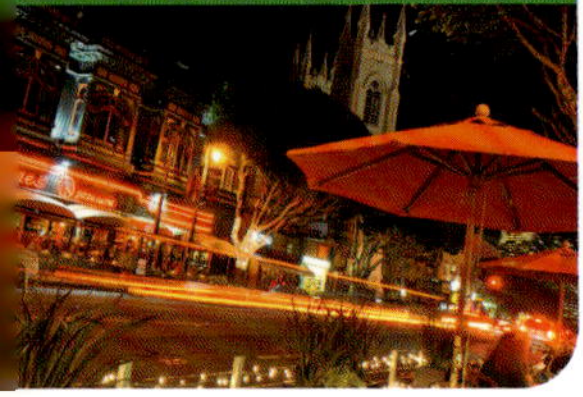

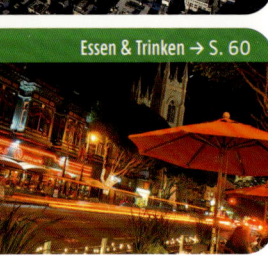

SYMBOLE

INSIDER TIPP	Insider-Tipp
★	Highlight
●●●●	Best of ...
	Schöne Aussicht
	Grün & fair: für ökologische oder faire Aspekte
(*)	Kostenpflichtige Telefonnummer

PREISKATEGORIEN HOTELS

€€€	über 150 Euro
€€	90–150 Euro
€	unter 90 Euro

Die Preise gelten für ein Doppelzimmer pro Nacht mit Frühstück

PREISKATEGORIEN RESTAURANTS

€€€	über 27 Euro
€€	15–27 Euro
€	unter 15 Euro

Die Preise gelten für ein mehrgängiges Essen ohne Getränke

Titelthemen: Cable Cars: Trittbrettfahren erwünscht S. 40 | Kunstszene im Mission District S. 17

INHALT

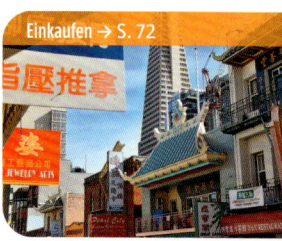
Einkaufen → S. 72

Am Abend → S. 80

Übernachten → S. 88

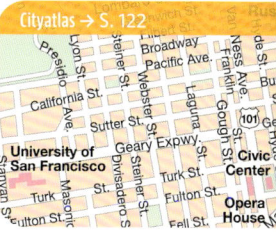
Cityatlas → S. 122

KARTEN IM BAND
(124 A1) Seitenzahlen und Koordinaten verweisen auf den Cityatlas und die Umgebungskarte San Francisco mit Umland auf S. 136/137

(0) Ort bzw. Adresse liegt außerhalb des Kartenausschnitts

Es sind auch die Objekte mit Koordinaten versehen, die nicht im Cityatlas stehen

**UMSCHLAG HINTEN:
FALTKARTE ZUM
HERAUSNEHMEN →**

FALTKARTE 🗺
(🗺 A–B 2–3) verweist auf die herausnehmbare Faltkarte

Die besten MARCO POLO Insider-Tipps

Von allen Insider-Tipps finden Sie hier die 15 besten

INSIDER TIPP▸ Spaziergang mit Blick
Auf der Golden Gate Promenade tolle Ausblicke und Historie genießen, Drachen steigen lassen, den Kite-Boardern bei spektakulärer Akrobatik zuschauen oder spontan in eine Fußballpartie auf der grünen Wiese einsteigen → S. 30

INSIDER TIPP▸ Geschichte(n) der Gegenwart
Das Contemporary Jewish Museum (Foto r.) begeistert mit Wechselausstellungen und Mitmachaktionen wie einem Kühlschrankmagnet-Poetry-Slam-Workshop → S. 55

INSIDER TIPP▸ Fangfrisch auf den Tisch
Die Swan Oyster Depot serviert Fischdelikatessen in familiärer Atmosphäre → S. 67

INSIDER TIPP▸ Kleiner Laden ganz groß
Hinter dem Tresen von Saigon Sandwiches bereiten zwei vergnügte Damen köstlich scharfe und sensationell günstige Sandwiches zu → S. 71

INSIDER TIPP▸ Parla Italiano?
Im Caffe Trieste gibt es den wohl besten Espresso der Stadt und echtes Italienflair mitten in North Beach (Foto o.) → S. 62

INSIDER TIPP▸ Beste Aussichten fürs Gemüse
Auf dem Ferry Plaza Farmer's Market kaufen San Franciscos Promiköche ein und probieren die ausgefallenen Leckereien an unzähligen Ständen → S. 78

INSIDER TIPP▸ Alles in der Tasche!
Nicht nur Fahrradkuriere hängen sich die hippen Taschen von Timbuk2 um, um danach mit dem eigenen oder geliehenen Fahrrad die Hügel der Stadt hinaufzukeuchen und wieder hinunterzubrettern → S. 79

INSIDER TIPP▸ Die vier Elemente
Im Hotel Metropolis regieren Erde, Luft, Feuer und Wasser, dazu gibt's eine Bibliothek, die zum Verweilen einlädt → S. 97

BEST OF ...

SPAREN

● *Konzerte kostenlos*

Trotz aller Modernität schätzen die San Franciscans kulturelle Attraktionen. Die Gratis-Konzerte, klassischen Opern und Theaterstücke in vielen Parkanlagen, etwa „Shakespeare in the Park", werden von allen gern besucht → S. 86

● *Strandausflug mit Lagerfeuer*

Ein kostenloses Vergnügen, auch wenn das Wasser nicht das wärmste ist: Am Baker Beach rennen Kinder und Hunde um die Wette, am wilden Ocean Beach treffen sich Jung und Alt zu Picknicks und meterhohen Lagerfeuern → S. 28 und 43

● *Chinatown unplugged*

Authentischer als die von Touristen viel besuchte Grant Avenue sind Chinatowns kleine Gassen. Besuchen Sie eine winzige Glückskeksfabrik, die Golden Gate Fortune Cookie Company, und hören Sie dem geigenden Friseur nebenan zu (Foto u.) → S. 104

● *Im Golden Gate Park*

Der Golden Gate Park ist zwar wilder als sein New Yorker Pendant, dafür gibt es hier viel zu tun und zu entdecken – alles gratis! Zeigen Sie z. B. den Amis, wie man Fußball in Europa spielt, oder beteiligen Sie sich an einer Partie Frisbee-Golf → S. 48

● *Blick ins Maschinenhaus der Kabelbahn*

Wissen Sie, wie Cable Cars angetrieben werden? Die Antwort darauf finden Sie bei einem Besuch des kostenlosen Cable Car Museum, wo Sie u. a. sehen können, wie die sonst unterirdisch verlegten Kabel um riesige Drehscheiben herumsausen → S. 46

● *San Francisco-Tour für Insider*

Was tun, wenn man schon alles gesehen hat? Sich für eine der rund 30 monatlichen Touren der San Francisco City Guides anmelden und sich von Ortsansässigen umsonst unbekannte Winkel der Stadt zeigen lassen → S. 116

● ● ● ● ● Diese Punkte zeichnen in den folgenden Kapiteln die Best-of-Hinweise aus

● *Die Brücke übers Golden Gate*

Das wohl bekannteste Wahrzeichen San Franciscos ist die Golden Gate Bridge. Sicher, Sie können mit dem Auto hinüberfahren, doch der oft windige Fußmarsch wird mit den schönsten Aussichten belohnt (Foto r.) → S. 29

● *Viktorianische Häuserzeile*

Die *painted ladies* am Alamo Square Park sind ein Muss für jeden Fotofan. Laufen Sie ein paar Meter den Park hinauf – und als Hintergrundmotiv schwingen sich die Hochhäuser der Downtown empor → S. 37

● *Trittbrettfahren auf dem Cable Car*

Die Cable Cars sind wohl in dieser Form einmalig auf der Welt. Springen Sie auf ein Trittbrett, halten Sie sich gut fest, und genießen Sie die ratternde Fahrt durch die unterschiedlichsten Stadtviertel → S. 44

● *Seelöwen am Pier 39*

Seit Jahren beanspruchen Heerscharen von Seelöwen einen Bootsanlegesteg westlich des Pier 39 für sich. Die laute Truppe ist heute für viele Besucher eine größere Attraktion als der Pier mit all seinen Geschäften → S. 50

● *Eis- und Autospektakel an der Lombard Street*

Was ist noch besser als ein Eis von Svensen's, der seit 1948 existierenden Eisdiele? Mit dem Eis in der Hand den Autos zuzusehen, wie sie sich die kurvige Lombard Street heruntermanövrieren → S. 49 und 63

● *Gebratene Hühnerfüße gefällig?*

In mühsamer Handarbeit bereiten chinesische Köche diese und andere Spezialitäten zu, die dann von Kellnern auf Servierwagen zum Auswählen an den Tisch gefahren werden. Ein Muss, z. B. im New Asia → S. 66

● *Alles frisch auf dem Farmer's Market*

Hier stimmt nicht nur die Qualität, sondern auch der Preis. Auf dem Farmer's Market in der Market Street gibt's zweimal die Woche eine große Auswahl an frisch geernteten Produkten zu guten Preisen – wohl bekomm's! → S. 78

TYPISCH

BEST OF ...

SCHÖN, AUCH WENN ES REGNET
Aktivitäten, die Laune machen

● **Konsum pur im Westfield Centre**
Zücken Sie die Kreditkarte, und machen Sie sich auf zum Shopping-Trip ins Westfield-Center. Zur Mittagspause locken Restaurants, während ein Kinobesuch am Abend schmerzende Füße und leeres Konto vergessen lässt → S. 77

● **Auf die Eislaufbahn**
Sportliche Aktivitäten? Auch bei Regen kein Problem, denn direkt neben dem Zeum warten im Herzen der Stadt eine Eishalle und eine große Bowling-Anlage auf Schlittschuhläufer sowie Kegelschwestern und -brüder → S.48

● **Crêpes essen und Leute beobachten**
Sport ist Ihnen ein Gräuel? Sie gönnen sich lieber einen geeisten Kaffee und köstliche Crêpes? Das geht besonders gut im Crêpe House – kostenloses *people watching* inklusive → S. 62

● **Museumsschiffe am Fisherman's Wharf**
Schon zu Zeiten des Goldrauschs ging es am Fisherman's Wharf wild zu. Noch heute erzählen die hier vor Anker liegenden Museumsschiffe und sogar ein U-Boot, die USS Pampanito, von ihren Abenteuern → S. 49

● **Gefangeneninsel mit Stadtblick**
Wer Alcatraz an einem sonnigen Tag besucht, kann sich die menschenunwürdigen Zustände in diesem Gefängnis kaum vorstellen. Ein Besuch an einem Regentag vermittelt dessen Trostlosigkeit deutlich besser (Foto o.) → S. 44

● **Moderne Kunst für alle**
Mit ständigen und wechselnden Ausstellungen lokaler und internationaler Künstler lohnt sich ein Besuch des San Francisco Museum of Modern Art (MoMa) selbst für diejenigen, die sonst nicht viel mit Kunst anfangen können → S. 58

REGEN

ENTSPANNT ZURÜCKLEHNEN
Durchatmen, genießen und verwöhnen lassen

● **Wohlige Windstille im Beach Chalet**
Wem der Ocean Beach zu windig ist, der flüchtet ins nahe gelegene Beach Chalet. Hinter dem Restaurant stehen windgeschützt einige Liegestühle, in denen man bei einem Cocktail herrlich abschalten kann → S. 81

● **Massagen mit Wirkung**
Bei True Massage & Wellness massiert Sie ein Team ausgebildeter Spezialisten. Wer ein schickes Spa erwartet, ist hier fehl am Platz. Wer eine Massage sucht, die Geist und Körper belebt, genau richtig → S. 84

● **Entspannen am Wasserfall**
Tauchen Sie ab aus der geschäftigen Innenstadt – nur zwei Häuserblöcke von der Market Street entfernt liegen die Yerba Buena Gardens – eine wahre Oase der Ruhe. Wiesen und Wasserfall inklusive (Foto u.) → S. 59

● **Akustische Erholung**
Augen schließen und die Klänge genießen – bei einem Besuch des Symphonieorchesters. Teilweise gibt es kostenlose Proben bzw. stark verbilligte Aufführungen am frühen Nachmittag → S. 86

● **Schönheitsoase am Union Square**
Die Earth & Sky Oasis ist ein Day Spa: ein Erholungstempel, in dem Sie gleich mehrere Stunden verbringen können. Akupunktur, Massagen, Mani- und Pediküre – hier bleibt kein Schönheitswunsch offen → S. 84

● **Ab auf den See!**
Eine Bootsfahrt mitten in San Francisco? Na klar, mit dem Ruder- oder Tretboot auf dem Stow Lake im Golden Gate Park, den sie mit zahlreichen Enten teilen müssen. Der See ist überschaubar – lassen Sie sich also ganz relaxt treiben, und gönnen Sie sich danach ein schönes Picknick im Grünen → S. 41

AUFTAKT

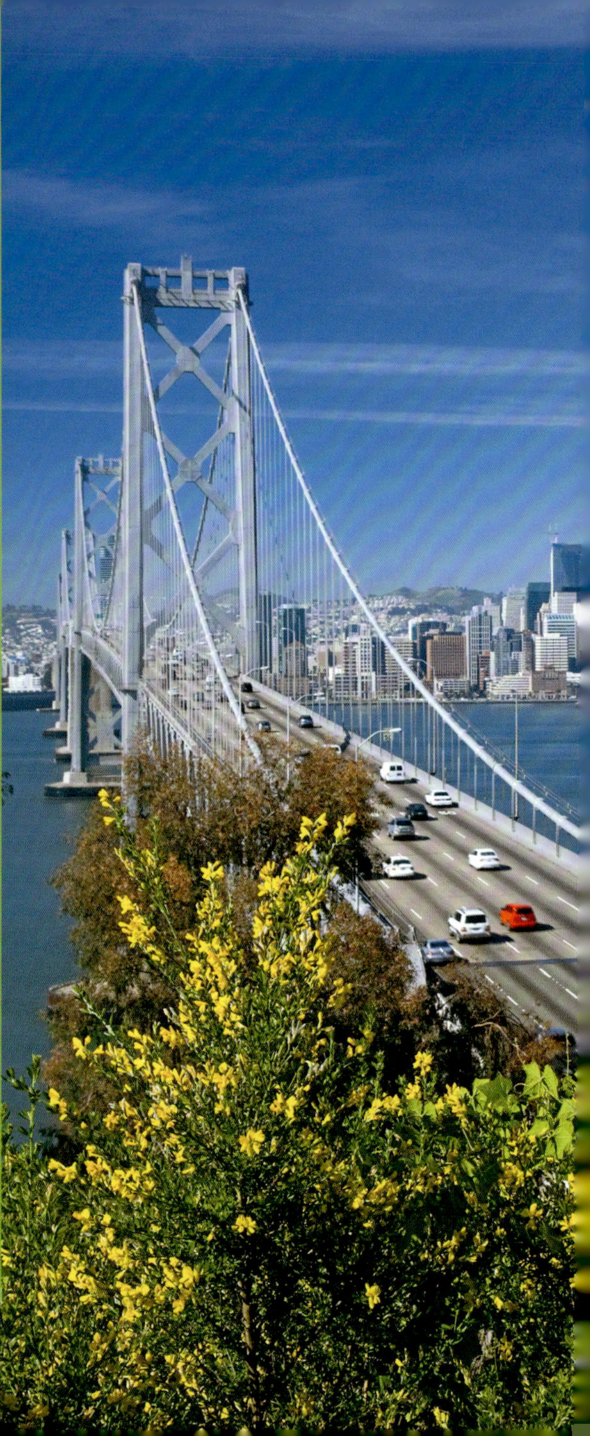

ENTDECKEN SIE SAN FRANCISCO!

So tolerant, innovativ, künstlerisch, geschäftstüchtig und technisch versiert die Bewohner San Franciscos auch sein mögen – wer ihre Heimatstadt flapsig-cool „Frisco" nennt, darf sich nicht wundern, finstere Blicke zu ernten. Denn eins haben die Bewohner trotz allen Fortschritts noch nicht über Bord geworfen: den Stolz auf ihre Stadt, die seit ihrer kommunalen Unabhängigkeit im Jahr 1850 dramatischen Ereignissen wie Kriegen, Erdbeben und im Rathaus erschossenen Lokalpolitikern trotzig die Stirn bietet. Obendrein ist San Francisco – na gut, sagen Sie eben „San Fran" oder „The City" – kein kleines Kaff, sondern die viertgrößte Stadt Kaliforniens und nach New York die amerikanische Großstadt mit der zweithöchsten Bevölkerungsdichte. Und wunderschön ist sie obendrein: mit ihren Steilstraßen, viktorianischen Holzhäusern und den Cable Cars, die über ihre modernen Kollegen, hybridbetriebene Busse, nur milde lächeln können.

Die Stadt dehnt sich über 122 km² und rund 50 Hügel, die oft so steil sind, dass Autos hier nur noch quer zum Abhang parken dürfen. Doch jeder Aufstieg wird fast immer

Bild: Bay Bridge mit Skyline von San Francisco

mit einer freien Aussicht auf die im weichen kalifornischen Licht dunkelblau schimmernde Bucht belohnt – wenn nicht gerade im Sommer der Nebel in die Stadt kriecht. Einen guten Überblick über die Stadt haben Sie auch vom Coit Tower: Im Süden sehen Sie die sich zusammendrängenden Hochhäuser des Zentrums, im Westen strahlt die rostrote Golden Gate Bridge im Sonnenlicht und östlich die aus glänzendem Stahl gebaute Bay Bridge, die über die Bucht in die East Bay, nach Berkeley und Oakland führt.

San Francisco: eine einzige Freilichtbühne

San Francisco ist eine einzige Freilichtbühne mit vielen Sehenswürdigkeiten. Doch wer zu Fuß durch die Stadt läuft, merkt sehr schnell, dass hier eine besondere Atmosphäre herrscht. Spazieren Sie mit offenen Augen durch die Stadt, öffnen Sie alle Sinne und lassen Sie das alltägliche Leben und die verschiedenen Charaktere auf sich wirken.

Zwar verkündet jetzt an immer mehr Haltestellen eine digitale Anzeige die voraussichtliche Ankunft des nächsten Busses beziehungsweise der nächsten Bahn. Doch die Verspätungsrekorde eliminieren die Displays leider immer noch nicht: Oftmals wartet man eine halbe Stunde, dann kommen gleich drei Busse auf einmal. Gerade das aber macht den Charme von San Francisco aus: Die Stadt funktioniert nicht perfekt, sondern hat ein gewisses Eigenleben entwickelt, in dem letztendlich doch alles fließt – Sie brauchen nur viel Zeit und Geduld.

Haight-Ashbury – bekannt seit den 1960er-Jahren durch die Beatnik- und Hippie-Bewegung

Noch immer zehrt die Stadt vom Image der kreativ-politischen Beat-Generation um Jack Kerouac und Allen Ginsberg der 1950er-Jahre und vom legendären „Sommer der Liebe", dessen 45. Jahrestag 2012 gefeiert wird. 1967 zelebrierten in der Geburtsstunde der Hippie-Bewegung Zehntausende von Blumenkindern, Aussteigern und Musikern Liebe, Freiheit und Einigkeit – Drogen- und Sex-Exzesse inklusive. Noch heute wohnen in San Francisco viele Freidenker und pflegen alternative Lebensstile. Das Hippieviertel kennen viele Auswärtige als Haight-Ashbury, doch hier sagt man noch immer *The Haight* – auch wenn die Straßenkreuzung Haight und Ashbury Street die Magie der früheren Jahrzehnte verloren hat. Denn längst hocken keine Blumenkinder mehr auf den Bürgersteigen.

> **Freidenker pflegen alternative Lebensstile**

Apropos Bürgersteige: Selbst im toleranten San Francisco platzt Einwohnern und Geschäftsleuten mal der Kragen. So sehr sorgten beispielsweise jugendliche „Lebenskünstler" mit scharfen Hunden auf der Haight Street für Unruhe bei Ladenbesitzern und Anwohnern, dass diese beschlossen, etwas dagegen zu unternehmen. Das Ergebnis: Im November 2010 sprach sich die Mehrzahl der San Franciscans trotz des erbitterten Widerstands der meisten Stadträte für ein Gesetz aus, das das Herumlungern auf Bürgersteigen zwischen 7 und 23 Uhr verbietet. Ob sich damit etwas ändert, ist eine andere Frage.

Eine noch schrägere Geschichte: Um gegen die vielen Schwarzfahrer vorzugehen, waren Mitte 2010 in Bussen und Bahnen verstärkt Kontrolleure am Start. Allerdings dachten daraufhin etliche illegale Zuwanderer, dass es sich dabei um Kontrollen der US-Einwanderungsbehörde handelte und beklagten sich über den ihnen eingejagten Schrecken im Rathaus. Das Ende vom Lied: eine offizielle Entschuldigung der Verkehrsbetriebe für ihr Vorgehen!

Trotz allen Fortschritts konnte San Francisco ein Stück Lebensstil der 69er-Generation herüberretten: das Gefühl, dass man in San Francisco immer tolerant und progressiv ist. Jeder Zehnte bekennt sich offen zu seiner Homosexualität. Bürgermeister Gavin Newsom erlaubte Anfang 2004 gesetzeswidrig mehr als 4000 schwulen und lesbischen Paaren die Heirat – und seitdem streiten

Stadt, Staat und deren Einwohner verbissen um eine Legalisierung der Homo-Ehe. Einer Klage der Befürworter der Homo-Ehe gab das Bezirksgericht von Nordkalifornien 2010 statt, allerdings blieb das Urteil aufgrund des Einspruchs eines Berufungsgerichts unvollstreckt. 2012 könnte es zur nächsten Bürgerabstimmung kommen, möglicherweise schaltet sich auch das oberste Verfassungsgericht der USA ein.

In San Francisco versammeln sich etwa 1000 verschiedene Volksgruppen, die alle authentisch essen und leben wollen. Jeder Stadtteil steht oft auch für eine bestimmte Volksgruppe: In Chinatown, das sich in Teilen über die drei Hügel Telegraph Hill, Russian Hill und Nob Hill erstreckt, ist alles komplett in Chinesisch ausgeschildert; nur einen Block weiter nördlich, im italienischen North-Beach-Viertel, finden Sie die köstlichste Pizza der Stadt; der Mission District im Nordwesten wird von den Latinos dominiert, während im Castro-Bezirk stolz die Regenbogenfahnen der Schwulen wehen.

Anything goes: In San Francisco geht alles. Veränderungen werden schnell akzeptiert und Schwierigkeiten mühelos in Herausforderungen umgewandelt. Diese Haltung hat ihren Ursprung in den Goldgräbertagen des 19. Jhs. Und auch das Erdbebenrisiko hat die kollektive Psyche des Neuerfindens geprägt. In den Jahren 1906 und 1989 rumpelte es besonders gewaltig, die Stadt musste in Teilen neu aufgebaut werden. Zurzeit geht man davon aus, dass mit einer rund 63-prozentigen Wahrscheinlichkeit bis zum Jahr 2036 wieder ein *big one* kommt.

Der Geist der ständigen Veränderung zeigt sich auch im Stadtbild: Noch 1960 war San Francisco hauptsächlich eine Hafenstadt, bewohnt zu rund 70 Prozent von weißen Mittelklassearbeitern. 20 Jahre später waren die Hafenanlagen halb verfallen, in der Innenstadt schossen Wolkenkratzer von Banken und Dienstleistungsunternehmen empor. Günstige Arbeiterhotels im Zentrum wurden dem Erdboden gleichgemacht und an deren Stelle die Messe- und Kulturtempel Moscone und Yerba Buena Center errichtet. Auch die nach dem Erdbeben von 1989 stark lädierten Stadtautobahnen wurden nach heftigen Debatten größtenteils abgerissen. Kein Verlust: Einheimische wie Touristen joggen und flanieren jetzt von Fisherman's Wharf zum Ferry Building und genießen die spektakuläre Aussicht auf Stadt und Bucht.

> **Der Geist der ständigen Veränderung zeigt sich auch im Stadtbild**

Der Wandel geht weiter: Die Börse von San Francisco beherbergt heute ein Fitnessstudio, in der Mission Police Station wohnt und arbeitet ein Architekt, der mithalf, die einst artig weiße Außenwand der Station in ein buntes Sammelsurium aus politischen Protestplakaten zu verwandeln. Mitte der 1990er-Jahre entwickelte sich South of Market (SoMa) zum Epizentrum der Dot Com-Revolution. Die Wohnungspreise nicht nur der für San Francisco typischen, viktorianischen Häuser explodierten: Wo früher mexikanische Familien, Althippies und Rentner wohnten, zogen vom Lockruf des schnellen Geldes angetriebene Jungunternehmer, Grafikdesigner und Programmierer ein.

Trotz der 2001 geplatzten Internetblase sprießen im SoMa heute erfolgreich neue Start-ups wie Twitter und Dogster, eine Art Facebook für Hunde. Im Silicon Valley tüfteln Firmen wie Google, Yahoo, Facebook und YouTube am Web 2.0, während Apple immer schneller immer neue iPads, iPods, iPhones und Macs entwickelt. Nach starken Einbrüchen im Tourismussektor aufgrund der Anschläge vom September 2001 strömen auch die Besucher längst wieder kräftig in die Stadt, in der beinahe wöchentlich TV-Serien und Kinofilme gedreht werden.

> **Im South of Market sprießen erfolgreich neue Start-ups**

Noch immer kämpft San Francisco wie der Rest des Staats und der USA mit den Folgen der Wirtschaftskrise. Da stehen über ein Dutzend Ladengeschäfte auf gerade mal drei Häuserblöcken der Geary Street in bester Innenstadtlage leer. Da werden Busli-

Hier führt kein Weg dran vorbei: Trubel rund um Fisherman's Wharf

nien ausgedünnt, Sozialausgaben gekürzt und Schulen geschlossen. Da wandern Familien aus der noch immer extrem teuren Stadt in die South beziehungsweise die East Bay ab. Da kämpft die Tageszeitung *San Francisco Chronicle* ums Überleben, da schließen Supermärkte trotz eines Jahresgewinns in Millionenhöhe, um Platz für Eigentumswohnungen zu machen. Es scheint, als ob sich die Stadt mehr und mehr zu einer Art Vergnügungspark entwickelt, aus dem abends die Angestellten verschwinden, um ihn über Nacht den Besuchern zu überlassen. Doch bei alledem ist und bleibt San Francisco eine der schönsten Städte der Welt, deren Bewohner dieser und auch allen zukünftigen Krisen trotzen werden.

IM TREND

1 Augenblick-Accessoires

Hauptsache auffallen Wer diese Stücke trägt, der hat auf jeden Fall ein Gesprächsthema. San Franciscos Designer setzen auf Hingucker. So wie Stephanie Kim von *Dekkori*, die ganz normale Pumps zu sexy Fußkunstwerken pimpt. Das gelingt ihr mit Bändern, Ledergamaschen oder Metall *(www.dekkori.com)*. Für das Kind im Erwachsenen ist der Schmuck von *Emiko Oye (Foto)*, denn er ist komplett aus Lego gemacht *(SF Museum of Craft + Design, 201 3rd St.)*. Mit den Ketten von *Litter* schmückt man nicht das Dekolleté, sondern den Schenkel *(2152 Union St.)*.

2 Fixed-Gear-Bikes

Minimalismus auf zwei Rädern Ohne schicke Extras geht es durch die Straßen von San Francisco. Die Fixed-Gear-Bikes verzichten auf Gangschaltung und Co. Wie man so ein Fixie selbst zusammenbaut, verrät *The Bike (650H Florida St.)*. Bei *Mission Bike* wird das Rad nach den eigenen Wünschen zusammengestellt *(766 Valencia St., Foto)*. Eine weitere gute Anlaufstelle ist *Box Dog Bikes (494 14th St.)*.

3 Pop-up-Eateries

Heute hier, morgen da Die besten Köche geben gerne Gastspiele in fremden Restaurants oder eröffnen ihre eigenen Pop-up-Restaurants. So wie Alexander Marsh alias der „Jetset-Chef". Wann sein Lokal wieder die Pforten öffnet, steht auf *www.thejetsetchef.com*. Auf Tour ist auch Eskender Asegeb mit seiner afrikanisch-mediterranen Küche *(www.radioafricakitchen.com)*. Tommy Halvorson *(Foto)* gastiert derzeit an einer festen Adresse. Seit 2011 kocht er jeden Freitag im *The Corner (2199 Mission St., www.eatrestaurantblog.com)*.

Künstlermeile

Mission District Lateinamerika im Kleinen, so wurde „The Mission" früher genannt. An einigen Stellen blitzt diese Vergangenheit noch auf. Auf dem Markt, der Yuccawurzeln anbietet, oder an den Empanadas in den Bäckereiauslagen. Heute ist das Viertel nicht mehr nur die Heimat vieler süd- und mittelamerikanischer Zuwanderer, sondern auch der Kunstszene. In den Coffee Shops wie dem *Ritual Coffee Roaster* sitzt die Avantgarde bei Cappuccino und Latte zusammen, an den Wänden hängen wechselnde Werke *(1026 Valencia St., www.ritual roasters.com)*. Die Pariser *Kadist Art Foundation* hat gleich um die Ecke eine Zweigstelle eröffnet. Hier gibt sie jungen Künstlern Raum zur Entfaltung. Auch ein Kunstmagazin wird hier produziert *(240 Folsom St., www.kadist-sf.org)*. An die Latino-Historie erinnern auch die zahlreichen Graffiti rund um die 24th Street *(www.missionmuralismo.com, Foto)*. Was aktuell im Viertel los ist, erfahren Sie unter *www.missionlocal.org*.

Green City

Ausgleich Schon bei der Ankunft geht es los: Im Flughafen können Sie Ihre CO_2-Bilanz an einem Kiosk verbessern. Unter *www.flysfo. com* berechnen Sie, wie viel es kostet, die Umweltbelastung durch Ihren Flug wieder auszugleichen. Die Summe kann direkt an Umweltschutzorganisation gespendet werden – und Sie erhalten eine Urkunde. Auch die Hotels, Läden und Lokale spielen mit. Sie stellen Ladestationen für E-Bikes und -Autos auf, beispielsweise am Rathaus *(1 Dr. Carlton B. Goodlett Place)*. Die nächste Station finden Sie mithilfe der Google-Umkreissuche mit dem Begriff „Electric Vehicle Charging Station".

ELECTRIC VEHICLE CHARGING STATION

STICHWORTE

BEATNIKS

„Gestern traf ich in Berkeley einen interessanten, bärtigen Typen, der auf den Katzennamen Snyder hört. Er studiert Orientalistik, und in ein paar Monaten verlässt er die Bay Area, um ein Zen-Mönch zu werden – stell dir vor, ein echter Mönch! Er ist ein lakonischer Dickkopf, glaubt an indianische Religionen, aber er ist ein Warmblüter mit einem lustigen Bart, dünn, blond, fährt ein Fahrrad in Berkeley und trägt rote Cordhosen ... interessante Person."

Das schrieb Allen Ginsberg am 9. September 1955 an einen Freund in New York über den Autor Gary Snyder. Ginsberg besuchte die Bay Area und blieb. Nur einen Monat später organisierte Ginsberg ein historisches Treffen sechs ausgesuchter Poeten in der Six Gallery. Dort las er zum ersten Mal sein berühmtes Gedicht *Howl* – die „San Francisco Beat Generation" war geboren.

Kurze Zeit später gesellten sich zu den Westküstenprotagonisten die Ostküstenbeatniks Jack Kerouac, William Burroughs und Gregory Corso. Die Beatwerke sollten die Wirklichkeit ungeschönt – fast rau – auf den Punkt bringen. Den Gedanken wurde freier Lauf gelassen; in den Bars und Cafés im North Beach trafen sich die Poeten, um die Werke mehr oder weniger improvisiert vorzutragen.

CARE, NOT CASH

In keiner US-Stadt gibt es so viele Obdachlose wie in San Francisco. Egal, ob diese selbst- oder fremdverschuldet

San Francisco ist keine typisch amerikanische Stadt – das zeigt sich auch an ihren Bewohnern

auf die Straße gekommen sind – die Stadt will dabei helfen, sie zu resozialisieren. Zahlreiche Organisationen springen mit Nahrung, Kleidung und medizinischer Versorgung ein. Zu raten ist: Geben Sie kein Geld. Lassen Sie sich lieber die Reste eines üppigen Essens einpacken und spenden Sie dieses.

DOT-COM 2.0?

Der große Dot-Com-Crash von 2000–02, bei dem der Technologieaktienindex NASDAQ von 5000 auf schließlich rund 1000 Punkte abstürzte, scheint in grauer Vorzeit zu liegen. Das Internet ist wieder ein Millionengeschäft. So buhlte San Francisco etwa um den Online-Kurznachrichtendienst Twitter, der nur mit dem Versprechen, sechs Jahre lang keine Gehaltssteuern zahlen zu müssen, mit rund 350 Mitarbeitern in der Stadt blieb. Dadurch gehen der Stadtkasse geschätzte 22 Mio. Dollar durch die Lappen. Online-Spieleentwickler Zynga (FarmVille, Mafia Wars) schloss 2010 einen siebenjährigen Mietvertrag über Büroräume für 2000 Mitarbeiter ab, die die Hälfte der Transamerica-Pyramide füllen würden. Doch das sind zwei große Ausnahmen – die Mehrzahl der rund 23 000 (!) Start-up-Unternehmen in San Francisco und dem Silicon Valley lagern wie Apple und Co. die Ausführung ihrer Ideen in Billiglohnländer aus.

Wasserkraftwerk im Yosemite National Park gewonnen wird. Busse mit Verbrennungsmotoren bekommen seit 2007 nur noch Biodiesel in den Tank. Den können auch Privatleute über die *People's Fuel Cooperative* beziehen, die diesen aus Pflanzenöl herstellen, das sie von ortsansässigen Restaurants bekommen.

Wabernder Nebel lässt die Golden Gate Bridge aus dem Nichts wachsen

GRÜNE WELLE

San Francisco ist ein Vorreiter in Umweltschutz und Nachhaltigkeit, Mülltrennung und Recycling. Plastiktüten, die in Bäumen und Sträuchern herumwehen oder über die Kanalisation in den Pazifik gespült werden? Per Gesetz verboten – viele Supermärkte belohnen das Mitbringen eigener Taschen sogar mit einer Gutschrift auf der Rechnung.

Und der öffentliche Nahverkehr setzt verstärkt auf Elektrobusse und Straßenbahnen, deren Energie in einem

Wem selbst das noch zu umweltschädlich ist, geht in San Francisco zu Fuß oder nutzt das Fahrrad. Nach städtischen Verkehrszählungen stieg die Zahl der Fahrradfahrer zwischen 2006 und 2011 um 58 Prozent. 2009 fuhren 3,2 Prozent aller Berufstätigen mit dem Rad zur Arbeit. Keine riesige Zahl, doch immer noch mehr als fünfmal so groß wie in den gesamten USA.

Oh, und alle San Franciscians, die im Winter weniger Gas zum Heizen verbrauchen, können sich schon mal über eine

Belohnung in Form einer $25-Einweg-Kreditkarte freuen.

KULTUR-PARTY

Social Networking einmal anders: Coole San Franciscans gehen jetzt auch abends ins Museum – um einen Cocktail zu schlürfen und eine Musik-, Gedicht- oder Tanzperformance zu erleben. Bis zu 3000 Gäste finden sich etwa freitags im De Young Museum ein; ähnlich geht es donnerstags in der California Academy of Sciences zu. Auch im Asian Art Museum, im San Francisco MoMa, im Exploratorium und im Fort Mason Center finden abendliche Events statt.

NEBEL

„Der kälteste Winter, den ich jemals erlebt habe, war der Sommer in San Francisco", sagte einmal Mark Twain in gewohnt übertriebener Polemik. Ausgerechnet in den Sommermonaten überzieht die Stadt oft eine dicke Nebelschicht. Das liegt an der warmen Luft aus dem Inland, die auf die kalte Meeresluft trifft und so den Nebel über der San Francisco Bay erzeugt. Morgens ist es oft kühl und bewölkt, wenn die Sonne stark genug ist – sie frisst sich in der Regel bis 12 Uhr durch den Nebel –, gibt sich ein kurzes Stelldichein. Doch bereits ab 16, 17 Uhr wird es meist schon erheblich kühler, weil dann der Nebel wieder die Oberhand gewinnt. Der Anblick ist faszinierend: Innerhalb kürzester Zeit bewegen sich Nebelschwaden wie flüchtende Schafherden über die Stadt.

SAN-FRANCISCO-ORIGINALE

Eine verrückte Stadt wie San Francisco zieht natürlich auch verrückte Typen an. Schon 1854 ernannte sich beispielsweise Joshua A. Norton hier zum Kaiser der USA. Einer von Nortons Erben ist Frank Chu, der seit einigen Jahren mit bizarren Protestplakaten durch die Innenstadt zieht. Darauf stehen täglich neu sinnlose Wortkombinationen wie „YETROJRENIUL" oder „KITROGRUNIOL PODCASTS". Chu protestiert nach eigenen Angaben damit gegen US-Präsidenten, die ihn „mit den 12 Galaxien um 20 Milliarden Dollar gebracht haben". Ist Chu ein von allen geliebter Performance-Künstler oder hat er einfach nur eine Schraube locker? Die San Franciscans lieben ihn in jedem Fall und versorgen ihn mit Nahrung und Schuhwerk für seine Protestarbeit.

ZUSCHAUERSPORT

So aktiv die San Franciscans in ihrer Freizeit auch sind – manchmal ist es auch für sie einfach das Beste, sich anzuschauen, wie andere Menschen ins Schwitzen geraten.
Im *Candlestick Park* rangeln die leidlich erfolgreichen Footballstars der *San Francisco 49ers (www.sf49ers.com | Karten ab $25 auf www.ticketmaster.com)* in einer rundenbasierten Mischung aus Strategie und Action um den Football. Die Baseballer der *San Francisco Giants (Karten ab $10 | www.sfgiants.com)* sind nicht unbedingt besser, doch das Spiel schaut man sich eh nur nebenbei an – genauso wichtig sind gutes Essen, Bier und Gespräche mit den Freunden. Ganz umsonst sehen Sie an stürmischen Tagen den tollkühnen Kitesurfern an der *Golden Gate Promenade* zu.

SOMMERFLAIR WIE IM SÜDEN

Wenig Sonnenschein in San Francisco? Kein Problem, alles eine Sache der Einstellung. In die kleinen Innenstadtgassen wie Claude Lane, Maiden Lane und Belden Place passen trotzdem ein paar Tische und Stühle – schon freuen sich die Besucher von Cafés und Restaurants über südländisches Flair. Auch in der Nähe vom Westfield Centre am Mint Plaza neben der ehemaligen Münzprägeanstalt blüht das Straßenleben – es gibt neben Restaurants, Cafés und einem Nachtclub sogar einen wöchentlichen *Farmer's Market.*

SPORT-STORYS

AT&T Park, das Baseballstadion der *San Francisco Giants,* liegt so dicht an der Bucht, dass sich während eines Spiels dahinter Fans in Booten tummeln, um einen weit aus dem Stadion geschlagenen *home run ball* zu fangen. Wer im Stadion einen Baseball der Besucher schnappt, wird oft von missmutigen *Giants*-Anhängern mit einem lauten *Throw it back!* bedacht.

Unglaublich, aber wahr: Nach einem lausigen Saisonstart gewannen die ewig glücklosen *Giants* die *World Series 2010* – 56 Jahre nach dem letzten Titelgewinn. An der „Welt"-Meisterschaft sind zwar

BÜCHER & FILME

▶ **Stadtgeschichten** – In einer siebenteiligen Buchreihe beschreibt der bekennende Schwule Armistead Maupin das schillernde Leben einer Freundesgruppe in den 1970ern, 80ern und 2000ern.

▶ **Unterwegs** – Jack Kerouac zog es in seinem autobiografischen Roman (1957) immer wieder nach SF, dessen Beatszene er lebhaft beschreibt.

▶ **Herb Caen** – Der Kolumnist des San Francisco Chronicle schrieb von 1938 bis zu seinem Tod 1997 über *The City* und erfand die Begriffe *Beatnik* und *Hippie.* Auf *www.sfgate.com/columnists/caen/archive* sind seine Werke archiviert.

▶ **Die Straßen von San Francisco** – Der Krimiklassiker (1972–77) schlechthin, eine herrliche Einstimmung.

▶ **The Rock** – Wenn Sie ein explodierendes (!) Cable Car sehen wollen, sind Sie

hier richtig: Michael Bay lässt es auch auf Alcatraz krachen (1996).

▶ **Vertigo** – Alfred Hitchcocks Thriller von 1958 zeigt u.a. Fort Point, Mission Dolores, den Palace of Fine Arts und den Pacific Union Club.

▶ **Dirty Harry** (1971), **Flucht von Alcatraz** (1979) – Wer ist der größere Star: Clint Eastwood oder San Francisco?

▶ **Milk** – Preisgekröntes Kinodrama von 2008 über den schwulen Stadtrat Harvey Milk.

▶ **Bullitt** – Legendär: Steve McQueens Verfolgungsjagd, in der er wie von Zauberhand vom Portrero Hill zum weit entfernten Russian Hill wechselt (1968).

▶ **Mrs. Doubtfire** – Ecke Steiner St./Broadway steht das Haus, in dem Robin Williams' Filmfamilie lebte (1993).

San Franciscans gehen gern in familiengeführte Restaurants und Läden wie hier am Belden Place

nur 29 amerikanische Teams und eine kanadische Mannschaft beteiligt, der Freude der San Franciscans tat das jedoch keinen Abbruch. Tagelang herrschte Ausnahmezustand in der Stadt, der in einer Konfettiparade entlang der Market Street und einem mehrstündigen Empfang des Teams vor dem Rathaus gipfelte, zu dem Zehntausende von Fans strömten.

An der Parade nahm auch Baseball-Legende Willie Mays teil. Er hatte im Spiel der *Giants* gegen die *Cleveland Indians* 1954 Geschichte geschrieben – mit einer *The Catch* genannten Aktion: Aus schier unglaublichem Winkel fischte Mays den Ball aus der Luft, wurde dabei fest an die Außenwand des Stadions gedrückt und schaffte es dann noch, den Ball aus der Fangbewegung heraus flüssig wie ein griechischer Speerwerfer zurückzuwerfen. Verdächtig abwesend war hingegen Giants-Pitcher Barry Bonds. Der ehemalige Schlagmann hält zwar den Ligarekord von 762 *home runs,* allerdings wurde das Ende seiner Karriere von der Verstrickung in einen Dopingskandal überschattet.

Für die *49ers,* das Footballteam von San Francisco, sieht es weniger gut aus. Lange vorbei sind die Jahre, in denen die Mannschaft mit Stars wie Joe Montana und O. J. Simpson insgesamt fünf *Superbowl*-Pokale gewann. Inzwischen laufen Vorbereitungen für einen Umzug in das rund 70 km südlich gelegene Santa Clara, wo zu diesem Zweck bis 2015 ein neues Stadion errichtet werden soll. Der derzeitige Spielort, das Candlestick-Park-Stadion, in dem übrigens die Beatles im Jahr 1966 ihr letztes Konzert gaben, wird dann vermutlich abgerissen.

SUPPORT THE LOCALS

Ketten wie McDonald's, Wal-Mart oder Starbucks werden von den San Franciscans nicht unbedingt gern gesehen. Sie gehen lieber in Läden in der Nachbarschaft, die oft als Familienunternehmen geführt werden – auch wenn das ein paar Cents mehr kosten sollte. Hier vertreibt der Inhaber einen nicht nach einer Viertelstunde, um Platz für neue Kundschaft zu schaffen. Und obendrein tummelt sich in einem *locally owned place* das interessantere Publikum.

DER PERFEKTE TAG
San Francisco in 24 Stunden

09:00 FRÜHSTÜCK AM DINER-TRESEN

Gut gefrühstückt läuft es sich besser: Der Tag in San Franciscos *neighborhoods* beginnt mit einem zünftigen American Breakfast im *Pinecrest Diner (401 Geary St.)*, einen Block vom Union Square entfernt. Setzen Sie sich an den Tresen, und schauen Sie den Köchen beim flinken Zubereiten der Speisen zu.

10:30 MIT DER CABLE CAR

Auf der Geary Street geht es einen Block in Richtung Osten: Am Nordende des Union Square steigen Sie in die *Cable Car → S. 44* (Foto l.) ein, lösen einen Tagespass und schlagen so der langen Schlange an der Endstation ein Schnippchen. Die Linie spielt keine Rolle, beide halten an der Ecke Powell & Washington, wo Sie aussteigen und dann zwei Blöcke nach Osten laufen.

11:00 ABSTECHER NACH CHINATOWN

Willkommen in *Chinatown → S. 43*, besser: am Portsmouth Square, dem ersten öffentlichen Platz der Stadt. Von hier aus empfiehlt sich ein Rundgang durch eins der ältesten Viertel San Franciscos mit seinen verwunschenen Gassen, authentisch-asiatischen Obst- und Gemüseläden und zahlreichen großen und kleinen Geschäften mit allerlei Schnickschnack.

12:00 AM FISHERMAN'S WHARF

Mit der Cable Car geht's ab Powell & Washington weiter in Richtung *Fisherman's Wharf → S. 43*, (Foto r.) die Powell-Hyde-Linie endet am Aquatic Park, die Powell-Mason-Linie drei Blöcke südlich. Wenn Sie sich die Läden des *Pier 39 → S. 50* sparen wollen, schauen Sie sich wenigstens die Seelöwen links davon an. So langsam knurrt der Magen? Kein Problem, kehren Sie bei *In-N-Out Burger → S. 70* ein und bestellen Sie Ihr Mittagessen am besten zum Mitnehmen, denn auf den Stufen des Maritime Museums oder gar direkt am Strand sitzend schmeckt es, mit Blick auf Alcatraz und die Golden Gate Bridge, noch mal so gut.

14:00 DURCHS FORT MASON

Gehen Sie weiter am Wasser in Richtung Golden Gate Bridge entlang, bis die Straße einen Linksknick macht und eine kleine Anhöhe hinaufführt. Folgen Sie dem Weg durch *Fort Mason → S. 34*, genie-

Die schönsten Facetten von San Francisco kennenlernen – mittendrin, ganz entspannt und an einem Tag

ßen Sie dabei die Aussichten auf Stadt und Bucht und steigen Sie am Marina Boulevard in den Muni-Bus 28 in Richtung Daly City Bart.

14:30 Zur Golden Gate Bridge

Nach einer kurzen Fahrt durch das Marina-Viertel, vorbei am Presidio mit Blick auf das Letterman Digital Arts Center auf der linken Seite, erreicht der Bus die *Golden Gate Bridge* → S. 29. Steigen Sie aus, und erkunden Sie den kleinen Park direkt an der Haltestelle, verbunden mit einem Gang über einen Teil der zweitlängsten Brücke der USA.

16:00 INS FRÜHERE HIPPIEVIERTEL

Nach so viel Natur wird es Zeit für den Großstadtdschungel: Mit dem Taxi fahren Sie zur Kreuzung von *Haight & Ashbury* → S. 36. Wo sich in den späten 60er-Jahren die Hippies versammelten, gibt's auch heute noch viele urige Typen und Läden (Foto). Erste Müdigkeitserscheinungen bekämpft ein Espresso im Coffee-Shop *The Grind (783 Haight St.).*

18:00 FAST WIE IN MEXIKO: MISSION DISTRICT

Szenenwechsel: Laufen oder fahren Sie mit dem Muni-Bus 71 nach Osten zur Fillmore Street. Dort steigen Sie in den Muni-Bus 22 um und an der Haltestelle 16th & Mission wieder aus. Hola! Willkommen auf der *Mission Street* → S. 42. Tauchen Sie in das bunte Treiben ein paar Blöcke südlich ein, und erleben Sie mexikanische Gastfreundschaft in einer der vielen Taquerías.

20:00 NIGHTLIFE IN NORTH BEACH

Nach einer kurzen Verschnaufpause zum Frischmachen stürzen Sie sich ins Nachtleben von *North Beach* → S. 43. Wie wäre ein Konzert im *Bimbo's 365 Club* → S. 43, leckeres Gebäck im *Stella Pastry & Cafe (446 Columbus Ave.)* oder entspanntes *people watching* vom Straßentisch eines italienischen Restaurants?

Mit Muni-Linie 2, 3, 30, 38, 45, 91 oder Cable Car Powell-Hyde und Powell-Mason zum Startpunkt
Haltestelle: Union Square

SEHENSWERTES

Nach New York City ist San Francisco die dicht besiedeltste Stadt der USA. Auf einer Fläche von rund 125 km² wohnen rund 815 000 Menschen – doch die Mehrheit ist zugereist, rund ein Drittel sogar von außerhalb der USA.

Nicht ohne Grund nannte Herb Caen, langjähriger Kolumnist der Tageszeitung *San Francisco Chronicle,* seine Stadt *Baghdad by the Bay*: Die Stadt mit ihren über 50 Hügeln bietet Bewohnern wie Besuchern unendliche Erkundungsmöglichkeiten. Und weil laut einer Studie aus dem Jahr 2007 San Francisco nach Los Angeles die US-Stadt ist, in der Autofahrer die meiste Zeit im Stau verplempern, kann man nur raten: Laufen Sie. Nehmen Sie Bus und Bahn. Leihen Sie sich ein Fahrrad. Wenn Sie mit einem Leihwagen auf der Durchreise sind, lassen Sie ihn stehen und greifen Sie nur darauf zurück, um etwas entlegenere Ziele wie die Marin Headlands oder den Aussichtspunkt der Twin Peaks anzusteuern.

CITY **WOHIN ZUERST?**
Mit vielen Cafes, Restaurants und Läden in der Umgebung ist der **Union Square (128 C4)** *(⊠ P5)* ein idealer Startpunkt. Mit der Cable Car sind Sie schnell am Fisherman's Wharf, die historische F-Linie bringt Sie zum Ferry Building und zu Pier 39. Am Union Square halten auch die Muni-Linien 2, 3, 30, 38, 45, 91, Ihr Auto parken Sie in der Tiefgarage unter dem Platz.

Bild: Blick von San Francisco über die Bucht

Golden Gate, Alcatraz und das Heulen der Robben – Attraktionen aus verschiedenen Kulturen und Lebensstilen

GOLDEN GATE BRIDGE/ PRESIDIO

Presidio und Lincoln Park – die beiden Stadtviertel sind Teil der Golden Gate National Recreation Area, eines Nationalparks. Zu diesem gehören neben dem Golden Gate Park und der Golden Gate Bridge auch die Marin Headlands sowie die Muir Woods im Norden.

Die hier und in den angrenzenden Wohngebieten residierenden San Franciscans bezahlen den sagenhaften Blick auf das Wasser der Bucht im Sommer oft mit dem Nebel, der sich an so manchem Nachmittag wie eine Daunendecke über die Stadt legt und sogar die höchsten Wolkenkratzer umhüllt. Bei klarer Sicht entschädigen dafür spektakuläre Blicke auf San Francisco und die Bucht.

GOLDEN GATE BRIDGE/PRESIDIO
SEITE → 27

MARINA & PACIFIC HEIGHTS
SEITE → 33

HAFEN/ NORTH BEACH/ CHINATOWN
SEITE → 43

DOWNTOWN/ SOUTH OF MARKET
SEITE → 51

HAIGHT-ASHBURY/ GOLDEN GATE PARK
SEITE → 36

Die Karte zeigt die Einteilung der interessantesten Stadtviertel. Bei jedem Viertel finden Sie eine Detailkarte, in der alle beschriebenen Sehenswürdigkeiten mit einer Nummer verzeichnet sind.

1 BAKER BEACH ● ⚘
(125 D–E 2–3) (ℳ E3–4)
Zwischen Golden Gate Bridge und dem Villenviertel Seacliff, in dem u. a. Hollywoodstar Robin Williams wohnt, befindet sich der Baker Beach. Schwimmen ist hier aufgrund tückischer Strömungen weniger angesagt, doch ein Picknick am Strand oder ein abendliches Lagerfeuer mit herrlicher Aussicht auf die Golden Gate Bridge und die Marin Headlands lässt einen den Trubel der Stadt vergessen. *Muni 29 – Sunset*

2 CLIFF HOUSE ★ ⚘
(124 A5) (ℳ A7)
Bevor das 1863 erbaute Cliff House zu einem Ausflugsziel für die ganze Stadt

wurde, residierten hier US-Präsidenten und einflussreiche Wirtschaftsvertreter. Zweimal brannte das Cliff House am westlichsten Punkt der Stadt allerdings ab, bevor es nach zahlreichen Umbauten seine heutige Form erhielt. Das hauseigene Restaurant *Sutro's (tgl. 11.30–15.30, 17–21.30 Uhr)* bietet hervorragende kalifornische Küche und einen der romantischsten Sonnenuntergänge der Stadt. Bei Tag erspähen Sie regelmäßig vorbeiziehende Pelikane, Seelöwen, Delphine und Wale. Freitagabends Live-Jazz, sonntags Champagner-Buffet *(10–15.30 Uhr)*.
American Breakfast und Burger gibt's ein paar Meter weiter im heimelig-günstigen ⚘ *Louis' Restaurant (tgl. 6.30–16.30,*

Sa/So bis 18 Uhr | 902 Point Lobos Ave. Tel. 3 87 63 30 | €) mit ebenfalls bester Aussicht. 1090 Point Lobos Ave. | Tel. 3 86 33 30 | www.cliffhouse.com | Muni 38 – Geary

3 FORT POINT (125 E1) (*ØØ F1*)

Der 1853–61 gebaute Armeestützpunkt mit seiner einzigartigen Ostküstenbauweise beherbergt ein interessantes Museum, in dem Sie sich u. a. einen Film über den Bau der Golden Gate Bridge ansehen können (Fr–So 10–17 Uhr | Eintritt frei | www.nps.gov/fopo).

4 GOLDEN GATE BRIDGE ★ ● ☼
(125 E1) (*ØØ E–F1*)

Im Sonnenlicht strahlt sie wirklich golden, bei Nebel ragt sie über den Dunstbänken empor, die härteste Probe – das Erdbeben von 1989 – überstand sie ohne nennenswerten Schaden. Sie ist und bleibt das Wahrzeichen der Stadt.

Noch zu Beginn des 20. Jhs. hielten auch wagemutige Ingenieure es für schier unmöglich, an dieser Stelle eine Brücke zu bauen. Das Golden Gate, 1848 so genannt von Kapitän Fremont, weil es ihn an das Goldene Horn in Istanbul erinnerte, hat denn doch andere Dimensionen als der kleine Meeresarm des Bosporus. 97 m reicht das Wasser an der tiefsten Stelle, und die Gewalt von Ebbe und Flut beträgt ein nicht messbares Tausendfaches der geringen Tide an der Enge zwischen Mittel- und Schwarzem Meer. Doch die Stadtväter San Franciscos gaben schon 1918 Studien für eine Brücke in Auftrag. Am 5. Januar 1933 wurde unter den Augen von Chefingenieur Joseph

---

★ **Cliff House**
Ausflugsrestaurant über dem tosenden Pazifik mit toller Aussicht → S. 28

★ **Golden Gate Bridge**
Die vielleicht berühmteste Brücke der Welt → S. 29

★ **Presidio**
Bis 1995 Militärbasis, heute Park-, Museums- und Wohnanlage → S. 32

★ **Golden Gate Park/Buffalo Paddock**
Grüne Oase mit tollen Museen wie der California Academy of Sciences (atemberaubendes Planetarium!) und dem De Young Museum mit einer Fülle von amerikanischen Kunstwerken → S. 40

★ **Mission Dolores**
Das älteste Gebäude: die Missionskirche der spanischen Padres → S. 42

★ **Fisherman's Wharf**
Beliebter Touristentreff: Pier mit vielen Attraktionen → S. 43

★ **Alcatraz Island**
Die berüchtigte Gefängnisinsel in der Bay → S. 44

★ **Cable Cars und F-Linie**
Eine Fahrt mit den rollenden Museen ist ein absolutes Muss → S. 44

★ **Lombard Street**
Serpentinenstraße, auf der die Verfolgungsszenen vieler Actionfilme gedreht werden → S. 49

★ **San Francisco Museum of Modern Art (MoMa)**
Das beste Museum für moderne Kunst an der Westküste mit Schwerpunkt Fotografie und Expressionismus → S. 58

MARCO POLO HIGHLIGHTS

B. Strauss der erste Spatenstich getan, gut vier Jahre später, am 27. Mai 1937, war der Bau vollendet. Ein unumstrittenes Wunderwerk der Technik, das allerdings seinen Preis forderte: 35 Mio. Dollar und das Leben von elf Bauarbeitern – 19 andere überlebten dank eines Fangnetzes.

Golden Gate Bridge: wagemutige Konstruktion und Wahrzeichen

2,7 km ist sie lang, die Hängebrücke, wenn man die Autobahnauffahrten auf beiden Seiten mitrechnet. Der Hängeteil allein misst 1966 m. Er wird von dicken Stahlkabeln getragen, die aneinandergelegt rund 128 000 km lang wären, also dreimal den Erdball umspannen könnten. Die beiden Brückentürme ragen 227 m

hoch, und zwischen dem Meer und der Fahrbahn liegen 67 m.

An der südlichen Auffahrt steht eine Statue von Joseph B. Strauss, der ein Jahr nach der Vollendung seines anfangs hoch umstrittenen Meisterwerks starb. *Maut $ 6, Fußgänger und Fahrradfahrer kostenlos | Muni 28 – 19th Ave. bis Toll Plaza oder Golden Gate Transit Busses von Market St., Ecke 7th St. North, die* **INSIDER TIPP** *Muni-Buslinie 76 fährt über die Brücke in die Marin Headlands, dreht dort und kehrt in die Stadt zurück; aussteigen und die Sicht genießen!*

5 INSIDER TIPP GOLDEN GATE PROMENADE ☀
(125 E1–127 F1) (*□ G–J2*)

Der Landstrich zwischen Aquatic Park und Golden Gate Bridge ist noch nicht so überlaufen wie etwa Pier 39. Hier joggen und spazieren die San Franciscans den ganzen Tag. Die gut 5 km von Fort Mason bis zur Golden Gate Bridge sind ein äußerst lohnenswerter Ausflug mit spektakulären Aussichten auf San Francisco und die Bucht. Über Aquatic Park, Fort Mason und den nördlichen Ausläufer des auf Schutt gebauten Marina-Bezirks erreichen Sie den ehemaligen Post- und Militärflughafen *Crissy Field (www.crissyfield.org)*. Der sah vor einigen Jahren alles andere als schön aus, doch Anwohner, Schulen und Unternehmen setzten Ende des letzten Jahrhunderts über 100 000 Pflanzen, um das ursprüngliche Erscheinungsbild des Areals wiederherzustellen.

Hier starten auch zahlreiche Wind- und Kitesurfer, weniger Mutige lassen in der oft recht windigen Gegend einen Drachen steigen. Ein Fußweg an der Westseite führt zur Golden Gate Bridge (siehe Kapitel „Stadtspaziergänge", S. 98). *Muni 28 – ab Fort Mason, Golden Gate Transit 10*

SEHENSWERTES IN GOLDEN GATE BRIDGE/PRESIDIO

1 Baker Beach
2 Cliff House
3 Fort Point
4 Golden Gate Bridge
5 Golden Gate Promenade
6 Marin Headlands
7 Palace of the Legion of Honor
8 Presidio
9 San Francisco National Cemetery
10 Walt Disney Family Museum

6 MARIN HEADLANDS

(136 A–B 1–2) (*𝄞 0*)

Bei gutem Wetter unbedingt einen Ausflug wert – auch wenn Sie nur den Südzipfel der gewaltigen Parkanlage besuchen, der Ihnen einen tollen Blick auf San Francisco und die Golden Gate Bridge bietet. Haben Sie mehr Zeit, können Sie das historische Fort erkunden, einen Leuchtturm, eine ehemalige Raketenabschussbasis und das Besucherzentrum. Oder Sie machen eine Wanderung auf einem der zahlreichen Wanderwege. *Tgl. Sonnenauf- bis Sonnenuntergang | www.nps.gov/goga/marin-headlands. htm | Muni 76 – Marin Headlands*

7 PALACE OF THE LEGION OF HONOR (124 B4–5) (*𝄞 B6*)

Der Palast der Ehrenlegion kommt Ihnen bekannt vor? Gut möglich, denn er ist ein um 25 Prozent verkleinerter Nachbau des Pariser Originals. Das sehr empfehlenswerte Museum beherbergt eine große Sammlung europäischer und antiker Kunst der letzten 4000 Jahre: Gemälde, Töpferkunst, Skulpturen und über 70 000 Drucke, Zeichnungen und Bücher der *Achenbach Foundation for Graphic Arts* – Werke von Dürer, Gauguin und Kandinsky inklusive. Dazu kommen wechselnde Ausstellungen. *Di–So 9.30–17.15 Uhr | Eintritt $ 10, gültig auch für das De-Young-*

Der Presidio Officers' Club, heute Besucherzentrum, erinnert an spanische Kolonialzeiten

Museum, erster Di im Monat frei | www. legionofhonor.org | Muni 38 – Geary

🟥 8 PRESIDIO ⭐🌿 (125 E–F 1–4, 126 A–C 1–4) (*E–J 3–5*)

Das einst von Ohlonen-Indianer bewohnte Gebiet mit einer atemberaubenden Aussicht im Nordwesten der Stadt wurde seit 1776 von Spanien, Mexiko und den USA als Militärbasis genutzt. 1994 verließ die Army das Areal, drei Jahre später wurde es der Verwaltung des *National Park Service* und des *Presidio Trust* unterstellt.

Alte Militärgebäude werden nun für Büros, Schulen und Wohnungen genutzt. Regisseur George Lucas zog 2005 mit seinen Film-, Spezialeffekt- und Videospielfirmen ins *Letterman Digital Arts Center* – errichtet an der Stelle des ehemaligen *Letterman Army Hospitals.* Festivals, Konzerte und Freilichttheater sorgen für kulturelle Höhepunkte, und im Besucherzentrum, dem ehemaligen *Officers' Club* sowie mutmaßlich ältesten Gebäude der US-Westküste, finden regelmäßig Ausstellungen statt *(tgl. 9–17 Uhr | 50 Moraga Ave.).* Muni 41 – Union, kostenloser PresidiGo-Shuttleservice

🟥 9 SAN FRANCISCO NATIONAL CEMETERY (126 B2–3) (*G3*)

Auf dem Soldatenfriedhof liegen die seit 1854 Gefallenen ordentlich in Reih und Glied: 100 000 m² an gleichförmigen Grabsteinen auf dem Gelände des Presidio. Es ist indes eine große Ehre, hier begraben zu werden, denn der Militärfriedhof ist der einzige in der Stadt, auf dem noch beerdigt wird. Normalerweise werden die Toten außerhalb der Stadt begraben. Der Grund und Boden San Franciscos ist den Stadtvätern schon seit Langem zu teuer, um als letzte Ruhestätte genutzt zu werden. Bereits 1901 verordneten sie, die Begrabenen vom damaligen Friedhof im Lincoln Park zu entfernen. Die Grabsteine wurden als Baumaterial verwendet. *Eingang: McDowell Ave./Ecke Lincoln Blvd. | Muni 41 – Union*

10 WALT DISNEY FAMILY MUSEUM
(126 B2) (*H3*)

In einem behutsam erweiterten Presidio-Gebäude, das früher Sporträumlichkeiten des Armeepostens beherbergte, führen zehn spektakuläre Galerien durch das Leben des Micky-Maus-Schöpfers Walt Disney. Dazu gibt es Lesungen, Vorführungen und seltene Filme aus den Disney-Archiven. Ein Muss! *Mi–Mo 10–18 Uhr | Eintritt $20 | 104 Montgomery St. | disney.go.com/disneyatoz/familymuseum | Muni 41 – Union*

MARINA & PACIFIC HEIGHTS

Keine 100 Jahre alt ist das Marina-Viertel, dessen Untergrund sich größtenteils aus erdbebenanfälligem Schutt zusammensetzt. Dafür entschädigt die Nähe zum Wasser seine gelegentlich als Schickimicki-Typen belächelten Bewohner.

Wer in den millionenschweren Villen der etwas höher gelegenen Pacific Heights residiert, muss seinen Reichtum nicht mehr unter Beweis stellen. Hier wohnen u. a. Autorin Danielle Steele, Musiker Lars Ulrich (Metallica) und Intel-Chef Paul Otellini. Werfen Sie **INSIDER TIPP** einen Blick in die Villen, die hier zum Verkauf stehen. Meist sonntags sind sie hier wie überall in San Francisco für Interessenten geöffnet. Informieren Sie sich einfach online und in der Zeitung darüber, wann und wo die Besichtigungen stattfinden.

1 CHESTNUT STREET
(127 D2–128 C2) (*K–L3*)

Auf der Chestnut Street zwischen Divisadero und Fillmore Street reihen sich schicke Bistros und Boutiquen aneinander – im Herzen des Marina-Stadtteils, dessen Einwohner sich nicht nur an Sonn- und Feiertagen besonders herausputzen und in Straßencafés zur Schau stellen. Untypisch für eine US-Großstadt besitzt San Francisco zahlreiche solcher Wohngebiete, in denen die Bewohner alles, was sie zum Leben brauchen, bequem zu Fuß erreichen können. *Muni 30 – Stockton*

LOW BUDGET

▶ An bestimmten Tagen verlangen die meisten Museen keinen Eintritt – am ersten Dienstag im Monat geht's z.B. kostenlos in den *Palace of the Legion of Honor* **(124 B4–5)** (*B6*). Mit dem *Citypass ($69 | www.citypass.com)* können Sie in alle Museen und Attraktionen und fahren eine Woche lang Bus, Bahn und Cable Car.

▶ Sie stehen vor dem *De-Young-Museum* **(132 A1)** (*G8*), doch haben keine Zeit für einen Besuch? Dann fahren Sie wenigstens mit dem Aufzug auf den ✿ Turm hinauf und genießen Sie die kostenlose Aussicht.

▶ Viele nutzen nur den Stadtplan der überall ausliegenden Touristenprospekte – dabei gibt's darin oft Coupons, die Museumseintritte und das Essen in Restaurants verbilligen.

▶ Steht Ihnen der Sinn nach einer Gospelmesse? Dann besuchen Sie die *Glide Church Celebration* **(126 C4)** (*O6*) – mitreißend und offen für alle. *So 9 und 11 Uhr | 330 Ellis St. | Tel. 6 74 60 00*

2 INSIDER TIPP FILLMORE STREET
(127 E1–6) (M L4–5)

Auf der Fillmore Street zwischen Broadway und Geary Street geht es deutlich bodenständiger als etwa auf der Chestnut Street zu. Dabei bieten die Läden

Viele Geschäfte und eine lockere Atmosphäre: Fillmore Street

und Restaurants nicht weniger Auswahl, doch die Bewohner dieses Viertels sind wesentlich nahbarer – was die Wahrscheinlichkeit einer spontanen Unterhaltung deutlich erhöht. *Muni 1 – California*

3 FORT MASON (128 A1–2) (M M2)

Der ehemalige Militärstützpunkt Fort Mason ist heute ein Kulturzentrum, das zwei Dutzend gemeinnützige Organisationen, Theater, Museen, eine Radiostation, eine Bücherei und vieles mehr beherbergt. Jedes Jahr gibt es über 15 000 Aktivitäten wie Vorlesungen, Ausstellungen, Aufführungen, weiterbildende Klassen und Festivals, die von 1,6 Mio. Menschen besucht werden. Eine kleine Auswahl: Im Improvisationstheater *BATS Improv* entwickeln die Schauspieler quasi auf Zuruf ihre urkomischen Geschichten *(Bayfront Theater | Gebäude B, 3. Stock | Tel. 4 74 67 76 | www.improv.org)*.

Die *SFMOMA Artists Gallery* vertritt über 1300 Künstler aus Nordkalifornien und zeigt deren Werke in elf Ausstellungen pro Jahr *(Di–Sa 11.30–17.30 Uhr | Eintritt frei | Gebäude A North | Tel. 4 41 47 77)*.

Das *Museo Italo-Americano* ist das einzige Museum der USA, das sich der Pflege italienischer und italo-amerikanischer Kunst und Kultur verschrieben hat. Neben Ausstellungen, Festen und Vorträgen will es zur Bewahrung des Kulturerbes italienischstämmiger Amerikaner beitragen *(Di–So 12–16 Uhr | Eintritt frei | Gebäude C | Tel. 6 73 22 00 | www.museoitaloamericano.org)*.

Selbst ein nebelig-kalter Tag wird im Fort Mason Center zu einem spannenden Kulturabenteuer, für das Sie sich beim Mittag- oder Abendessen im hervorragenden vegetarischen Restaurant ✹ *Greens (Gebäude A, siehe Kapitel „Essen & Trinken", S. 65)* stärken können. *Marina Blvd. und Buchanan St. | www.fortmason.org | Muni 30 – Stockton, 10 – Townsend*

4 HAAS-LILIENTHAL-HAUS
(128 A3) (M N4)

Ein besonders markantes, komplett eingerichtetes und der Öffentlichkeit zugängliches viktorianisches Haus. Es

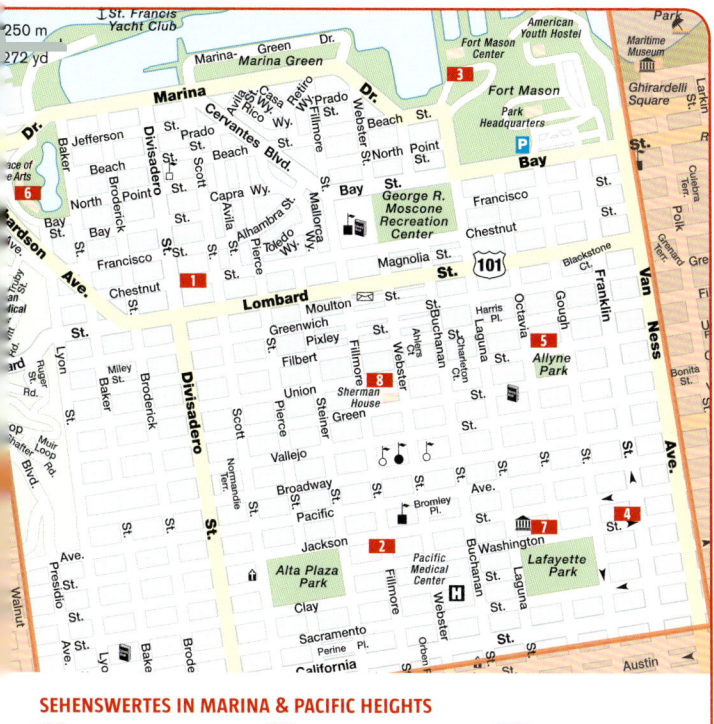

SEHENSWERTES IN MARINA & PACIFIC HEIGHTS

1 Chestnut Street   **4** Haas-Lilienthal-Haus   **7** Spreckels Mansion

2 Fillmore Street   **5** Octagon House   **8** Union Street

3 Fort Mason   **6** Palace of Fine Arts

wurde 1886 von William Haas, einem Lebensmittelhändler aus Bayern, errichtet und überstand das Erdbeben von 1906 unbeschadet. Heute Sitz der gemeinnützigen *Foundation for San Francisco's Architectural Heritage. Mi 12–15, Sa 12–15, So 11–16 Uhr | Eintritt $ 8 | 2007 Franklin St., nahe Washington St. | Muni 12 – Folsom/Pacific*

5 OCTAGON HOUSE

(128 A3) (*M3*)

Auch diese achteckige Perle von 1861 ist umfassend restauriert und mit antiken Möbeln ausgestattet. Mitte des 19. Jhs. glaubte man, dass achteckige Häuser zu einem gesünderen, zufriedeneren Leben führen würden. *2. und 4. Do und 2. So des Monats 12–15 Uhr, außer Jan. | Eintritt frei | 2645 Gough St., nahe Union St. | Muni 41 – Union*

6 PALACE OF FINE ARTS

(126 C2) (*J2–3*)

Dies ist das einzige Gebäude, das von der *Panama Pacific Exposition* zur Feier des vollendeten Panamakanals im Jahr 1915 übrig geblieben ist. Die komplett erneuerte Rotunde und der angrenzende Park samt See sind häufig Hintergrund für Hochzeiten und Filmdrehs. Daran angeschlossen: ein Theater-/Konzertsaal und das *Exploratorium-Museum (siehe* daran, dass es hier besonders viele Antiquitätenhändler, Juweliere, Einrichtungshäuser, Kunstgalerien und Schönheitssalons gibt. Hier kaufen die Reichen und Schönen der Stadt ein. *Muni 41 – Union*

Palace of Fine Arts: Festgebäude mit angeschlossenem interaktiven Exploratorium

Kapitel „Mit Kindern unterwegs", S. 104). Zwischen Bay und Jefferson St. | Muni 30 – Stockton

7 SPRECKELS MANSION
(127 F3) (*M4*)

Zuckerzar und Philanthrop Adolph Spreckels baute 1913 den weißen Beaux-Arts-Kalksteinpalast mit 55 Zimmern, darunter einem französischen Ballsaal, für sich und seine 22 Jahre jüngere, lebenslustige Gemahlin Alma. Heute wohnt dort Bestsellerautorin Danielle Steel. *2080 Washington St. | Muni 1 – California*

8 UNION STREET
(127 D3–128 C2) (*L–M 3–4*)

Die Einkaufsmeile der Union Street zwischen Steiner und Franklin Street liegt genau zwischen den Stadtteilen Pacific Heights und Marina – man merkt es

HAIGHT-ASHBURY/ GOLDEN GATE PARK

Golden Gate Park, Haight-Ashbury, Alamo Square und Mission District: Der Westen der Stadt bestand vor weniger als 150 Jahren noch aus großen Sanddünen, die mit dem Zustrom neuer Einwohner rasch in Wohngebiete und einen großen Park umgewandelt wurden. Im Golden Gate Park erholen sich Einwohner wie Touristen von der Hetze des Alltags, denn Museen und Gartenanlagen, Liegewiesen und Sport bieten für jeden etwas.

Am Ostrand des Parks beginnt der Stadtteil Haight-Ashbury. Hierhin zog es in den 1960er-Jahren Heerscharen von Hippies, die mit Gitarre und Drogen im Gepäck das Fundament für den *Summer of Love* im Jahr 1967 legten. Noch heute bieten etwas verlotterte Gestalten auf der Straße ihre nicht immer ganz legalen Waren feil, während Neuankömmlinge aus der ganzen Welt in den ausgefallenen Geschäften nach nicht minder ausgefallenen Kleidungsstücken, Büchern und Musik stöbern. Nur unweit entfernt liegt der Alamo Square mit seinen viktorianischen Prunkhäusern und der Mission District, Zentrum der mexikanischen und lateinamerikanischen Zuwanderer.

1 ALAMO SQUARE ✵
(133 E1) (*M L7*)

Wenn es nur ein einziger Blick sein soll, dann dieser, festgehalten auch auf Tausenden von Ansichtskarten: Von der Hayes Street aus schaut man nordöstlich zur Steiner Street, wo sich vor der Hochhauskulisse von Downtown jene bezaubernde Reihe viktorianischer Häuser präsentiert, die ● *Painted Ladies* genannt wird. Eigentlich ist die Bezeichnung „viktorianisch" falsch. Denn mit der Blüte des englischen Bürgertums, den strengen Moralprinzipien und der romantischen Verehrung der britischen Krone hat die Bauweise nur die Zeit gemein: die zweite Hälfte des 19. Jhs.

Ansonsten prägte Queen Victoria den Stil der auch *gingerbread houses* genannten Wohnhäuser viel weniger als die Zimmerleute. Oft waren sie zur See gefahren, hatten hier eine Idee gehabt, dort ein Vorbild gesehen. Und eine strenge Moral vertraten sie auch nicht: Die spatenförmigen Aussägungen an einer Balustrade oder im Dachgiebel symbolisieren nichts anderes als das Pik-Ass-Zeichen. Und das war ein Hinweis darauf, dass in einem solchen Haus Glücksspiel betrieben wurde. Auch die ornamentalen Flaschen und Herzen hatten einen werbenden Sinn: für Spelunken und Bordelle.

1970 erlebten die Häuser ihre Renaissance, denn heute sind die *victorians* mit

MULTIMEDIAL DIE STADT ENTDECKEN

Nicht nur Hollywood-Experten freuen sich über die *San Francisco Movie Tour* ($ 47 | www.sanfranciscomovietours. com):* In drei Stunden besuchen Sie Originalschauplätze aus Filmen wie Vertigo, Mrs. Doubtfire, Bullitt, The Rock, Star Trek 4, Der Malteserfalke und sehen im Bus während der Fahrt über 70 Ausschnitte aus diesen Streifen – einen besseren Vergleich zwischen San Francisco damals und heute gibt es kaum. Ein einzigartiges Erlebnis ist auch die *Magic Bus Tour* ($ 40 | www.magic bussf.com),* produziert vom deutschen Lehrer Jens-Peter Jungclaussen und dem Antenna Theater, den Schöpfern der Alcatraz-Audiotour. Trockenen Schulstoff suchen Sie hier allerdings vergebens – die 90-minütige Reise in die 1960er-Jahre ist eine wilde Mischung aus Besichtigungstour, Dokumentarfilm und Mitmachschauspiel. An historischen Stellen fahren Leinwände herunter und geben einen Einblick in die 60er: Wettrennen zum Mond, Beatniks und Flower-Power inklusive. Ein charmantes Blumenmädchen teilt sogar LSD-Trips aus – wirkstofffrei, versteht sich.

den steilen Treppen und den *bay windows* genannten Erkern die Wohnhäuser der Wohlhabenden. Wer eines von ihnen besitzt, hütet es wie seinen Augapfel.

Wenn Sie sich an den *Painted Ladies* nicht sattsehen können, finden Sie weitere viktorianische Häuser am Lafayette Square, an der California Street, an der Liberty Street sowie zwischen der Franklin Street und dem Presidio. *Muni 21 – Hayes*

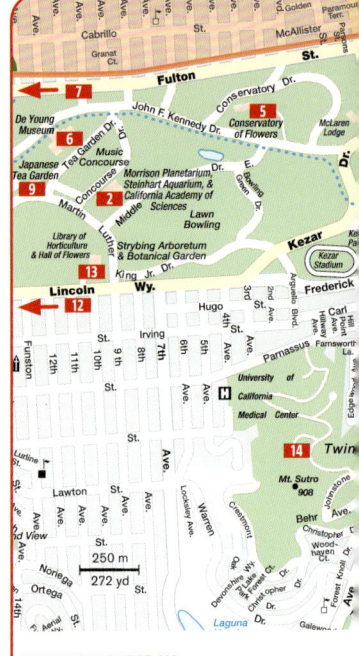

2 CALIFORNIA ACADEMY OF SCIENCES 🙂 (132 A2) (🔍 G8)

Das vom italienischen Architekten Renzo Piano entworfene Gebäude setzt als derzeit grünstes Museum der Welt stark auf erneuerbare Energien und ist San Franciscos neuer Stern am Museumshimmel.

Unter dem elegant geschwungenen, begrasten Dach beherbergt es einen über vier Stockwerke angelegten künstlichen Regenwald, das *Steinhart Aquarium* mit 38 000 Meeresbewohnern, einem großen Korallenriff, Sumpfgebieten und Unterwassertunnel, das spektakuläre *Morrison Planetarium* sowie das *Kimball Natural History Museum* mit Blauwal- und Tyrannosaurus-Rex-Skeletten, einem Foucault'schen Pendel und interaktiven Exponaten: Kinder sammeln beispiels-

SEHENSWERTES IN HAIGHT-ASHBURY/ GOLDEN GATE PARK

1 Alamo Square
2 California Academy of Sciences
3 California Volunteers

Alamo Square – die viktorianischen *Painted Ladies* werden liebevoll bewahrt

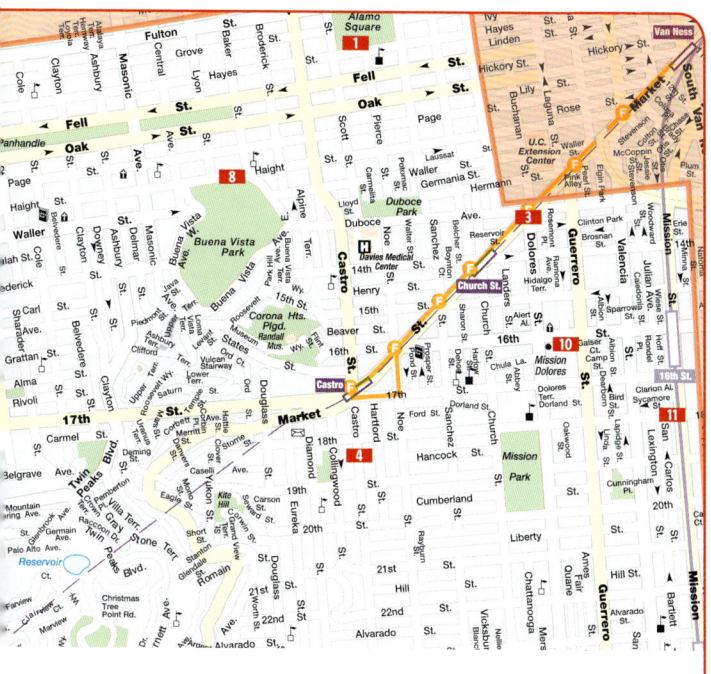

4 Castro Street
5 Conservatory of Flowers
6 De Young Museum
7 Golden Gate Park/ Buffalo Paddock
8 Haight Street
9 Japanese Tea Garden
10 Mission Dolores/ Mission Dolores Cemetery
11 Mission Street
12 Ocean Beach
13 Strybing Arboretum & Botanical Gardens
14 Twin Peaks

weise mit einer Wii-Spielkonsole virtuelle Insekten ein. Großartig! *Mo–Sa 9.30–17, So 11–17 Uhr | Eintritt $ 29,95 | Golden Gate Park | www.calacademy.org | Muni 5 – Fulton*

3 CALIFORNIA VOLUNTEERS
(133 F2) (*M8*)

Der Freiwilligen aus Kalifornien, die am Spanisch-Amerikanischen Krieg von 1898 beteiligt waren, gedachte der Bildhauer Douglas Tilden mit einem geflügelten Pferd, einer Kriegsgöttin, einem gefalle-

nen und einem unversehrten Soldaten – die Figurengruppe steht für die gottliche Kraft des Kriegs, an dessen Ende unter dem Vorzeichen des Antikolonialismus spanische Besitztümer in Übersee an die Vereinigten Staaten übergingen. *Dolores St./Ecke Market St. | Muni F – Market*

4 CASTRO STREET
(133 E2–5) (*L9–11*)

Etwas diskreter als früher, aber nicht völlig verschwunden – die Bars der Schwulen, das Sichzurschaustellen und das selbstverständliche Alltagsleben der Homosexuellen, mal bürgerlich gekleidet, mal in Leder und Ketten. Für den einsichtsvolleren Blick in das Leben der schwulen Gemeinde, die außerordentlich viel zur Restaurierung San Franciscos und zur Politik der Stadt beitrug, empfiehlt sich die *Cruisin' the Castro Walking Tour (Mo/Di, Do–Sa 10 Uhr | $ 35 pro Person | Tel. 2 55 18 21 | www. cruisinthecastro.com). Muni F – Market*

5 CONSERVATORY OF FLOWERS
(132 B1) (*ⓜ H8*)

Über 1700 tropische Pflanzenarten aus aller Welt wetteifern im 1879 eröffneten Riesengewächshaus des Conservatory of Flowers am Ostrand des Golden Gate Park um Licht, Luft und Wasser: Orchideen, fleischfressende Pflanzen, Palmen und viele mehr. Der im viktorianischen Stil gehaltene Glaspalast ist das älteste öffentliche Gewächshaus Nordamerikas. *Di–So 10–16.30 Uhr | Eintritt $ 7 | www. conservatoryofflowers.org | Muni 21 – Hayes*

6 DE YOUNG MUSEUM
(132 A1) (*ⓜ G8*)

Der monolithisch-kupferne Gebäudeneubau im Herzen des Golden Gate Park ist architektonisch nicht unumstritten – dafür versammeln sich in seinem Inneren große Schätze: über 1000 Gemälde und 800 Skulpturen von amerikanischen Künstlern wie Grand Wood, George Caleb Bingham und Richard Diebenkorn, aber auch von Europäern wie Claude Monet, Joan Miró und Andy Goldsworthy. Dazu kommen Sammlungen afrikanischer, südamerikanischer, ozeanischer und textiler Kunst. *Di–So 9.30–17.15, Fr bis 20.45 Uhr | Eintritt $ 10, Karte gilt auch für den Palace of the Legion of Honor | 50 Hagiwara Tea Garden Dr. | www. deyoungmuseum.org | Muni 21 – Hayes*

7 GOLDEN GATE PARK/ BUFFALO PADDOCK ★
(130 A2–132 C2) (*ⓜ A–H 8–9*)

Das knapp 1 km breite und 5 km lange Grün soll zur Erholung, zum Sport und zur Betrachtung genutzt werden. Zu

TWO BELLS!

So funktionieren die Cable Cars: Unter der Mittelschiene läuft das sich ständig bewegende Kabel. Seine Geschwindigkeit beträgt genau 9,5 Meilen, also knapp 15 km pro Stunde. Auf den beiden Außenschienen steht der 7 t schwere Wagen mit 34 Sitz- und 34 Stehplätzen auf der California-Linie und mit 29 Sitz- und 31 Stehplätzen auf den beiden Powell-Linien.

Läutet der *conductor* (Schaffner) zweimal die Glocke oder ruft er: „Two bells!", geht es los: Der *gripman* (Fahrer) zieht einen schweren Hebel

zurück, dessen unteres Ende wie eine Pinzette nach dem Kabel greift (to grip: greifen). Bergab bremsen beide, was das Zeug hält. Im hochgradig unwahrscheinlichen Fall, dass alle Bremsen versagen, besitzt der *gripman* eine Notbremse: einen Keil, den er in die Mittelschiene rammt. Wollen Sie aussteigen, melden Sie beim *conductor* oder *gripman* an: „Next stop, please!" Wichtig: Bleiben Sie nicht in den gelb markierten Zonen stehen – den Platz brauchen *conductor* und *gripman* für ihre durchaus anstrengenden Manöver.

Haight Street, Ecke Masonic Avenue: Anziehungspunkt einer alternativen Gegenkultur

den großen Attraktionen zählen u. a. die *California Academy of Siences* und das *De Young Museum (siehe Einzeleinträge S. 38 und S. 40).* Zudem ist der Park ein Meisterwerk der Gartenbaukunst. Eigentlich dürfte es an dieser Stelle nur „windgetriebene" Wanderdünen geben. Doch nach der Übernahme des Geländes durch die Stadt im Jahr 1868 pflanzte Parkchef John McLaren, der 56 Jahre im Amt blieb, Strauch für Strauch und Baum für Baum, bis der Sand besiegt war. Heute weiden am Westende des John F. Kennedy Drive Büffel auf einem eigenen großen Gelände. Und auf dem kleinen ● *Stow Lake* können Sie ganz entspannt rudern, Tretboot fahren und um ihn herum in Gesellschaft von mehreren Entenfamilien picknicken. Überall finden Sie zudem Tennisplätze, Bowlingbahnen, Schachfelder und auch Baseballanlagen, und der *Golfplatz* mit neun kurzen, aber schwierigen Grüns ist öffentlich. Die 40 km an Wegen lassen sich auch gut mit dem Fahrrad bewältigen *(Verleih:*

Wheel Fun Rentals | 9 Uhr bis Einbruch der Dämmerung | 50 Stow Lake Dr. | Tel. 6 68 66 99).

🔲 8 HAIGHT STREET
(132 C2–131 F1) *(🛍 J–M8)*

Das Epizentrum der Flower-Power teilt sich in zwei Bereiche: Entlang der Lower Haight zwischen Divisadero und Webster Street finden Sie kleine Restaurants, Kneipen und Plattengeschäfte, die Upper Haight zwischen Stanyan Street und Masonic Avenue beherbergt flippige Boutiquen und abgefahrene Typen gleichermaßen. *Muni 7 – Haight, 71 – Haight-Noriega*

🔲 9 JAPANESE TEA GARDEN
(131 F2) *(🛍 F8)*

Der Japanische Teegarten ist seit 1894 fester Bestandteil des Golden Gate Park. Hier scheint die Zeit Atem zu schöpfen: Stille Seen, steile Brücken, verwunschene Pagoden und geheimnisvolle Buddha-Statuen versetzen Sie ins historische Japan. Besonders schön: ein Besuch während der Kirschblüte Mitte März. *Tgl. 9–18 Uhr | Mo, Mi, Fr vor 10 Uhr Eintritt frei, sonst $ 7 | Muni 21 – Hayes*

10 MISSION DOLORES ★ / MISSION DOLORES CEMETERY

(133 F2–3) (*M8*)

Die weiße Kirche Mission Dolores ist eine von 21 in Kalifornien, die jeweils einen Tagesritt voneinander entfernt errichtet wurden. Sie ist zugleich das älteste Gebäude der Stadt und wurde 1791 fertiggestellt. Im Inneren der doppeltürmigen Kirche zieren die Decken indianische Bilder, gemalt mit pflanzlichen Farben. Altar und Statuen stammen aus Mexiko.

Die Toten, die hier ihre letzte Ruhe fanden, dürften auch weniger empfindlichen Menschen Grund zum Gruseln geben. Tausende eilends zum rechten Glauben „bekehrte" Indianer liegen in unmarkierten Gräbern. Dutzende während des Goldrauschs Erschlagene wurden neben einigen wenigen Damen der gewerblichen Unzucht begraben, deretwegen sich mancher tödliche Streit entsponnen hatte. Und mittendrin schlafen sanft der Missionsvater, der mexikanische Gouverneur von Alta California sowie der letzte mexikanische Bürgermeister San Franciscos *(tgl. 9–16 Uhr | $ 5 Spende erbeten | 3321 16th St. | www. missiondolores.org). Muni F – Market, an der Ecke Church & 14th St. in Muni 26 – Fillmore umsteigen oder zwei Blöcke nach Süden laufen*

11 MISSION STREET

(129 E3–132 A6) (*N8–11, O7–R4*)

Bis zur South Van Ness Street verläuft die Mission Street durch den Hochhausbezirk der parallelen Market Street. An der 11th Street biegt sie nach Süden ab, unterquert den Central Skyway – und führt in ein anderes Land. Dort beginnt der lateinamerikanische *Mission District*. *Se habla español*, heißt es in den Restaurants und Geschäften – man spricht Spanisch. Und man lebt auch fast kli-

Die Mission Dolores, 1791 erbaut, ist eines der ältesten Gebäude der Stadt

scheehaft so: in einfachen bis schäbigen Häusern, mit lauter Musik und aufgemotzten Straßenkreuzern. Achtung: Mag die Gegend noch so hip sein – Gangs machen sie ab der 16th Street unsicher. *Muni 14 – Mission*

12 OCEAN BEACH ●
(124 A6–130 A4) *(ᗏ A7–12)*

Der windigste, wildeste und nebeligste Strand der Stadt heißt Ocean Beach. Trotz der Wetterverhältnisse wandelten Städteplaner die Sanddünen zu Wohnraum um: Die Stadtviertel *Outer Richmond, Sunset* und *Parkside* waren geboren. Erfahrene Surfer wagen sich in die Wellen, Schwimmer ertrinken darin nicht selten. Im September/Oktober ist Ocean Beach am wärmsten – vielleicht sogar für ein kurzes Sonnenbad, auf jeden Fall für einen Strandspaziergang. *Great Highway | Muni N – Judah*

13 STRYBING ARBORETUM & BOTANICAL GARDENS
(131 F2) *(ᗏ F–G 8–9)*

Der beeindruckende botanische Garten im Strybing Arboretum beherbergt Tausende von Pflanzen, die teilweise nur noch hier zu finden sind: einheimische Gewächse und solche aus Asien, Afrika, Südamerika und Australien. *Tgl. 9–18 Uhr (April–Okt.), 10–17 Uhr (Nov.–März) | Eintritt $ 7 | 9th Ave. & Lincoln Way | www.sfbotanicalgarden.org | Muni 71 – Haight-Noriega*

14 TWIN PEAKS ☼
(132–133 C–D4) *(ᗏ K11)*

Besonders an nebelfreien Abenden einfach grandios: die Aussicht vom Doppelhügel Twin Peaks. Die Spanier nannten die beiden 275 und 277 m hohen Erhebungen *Los Pechos de la Chica* – die Brüste des Mädchens. Der Twin Peaks Boulevard umkreist beide Gipfel. *Muni*

F – Market bis Castro Station, von dort Muni 37 – Corbett bis Endstation, dann kurzer, steiler Fußweg

HAFEN/ NORTH BEACH/ CHINATOWN

Kontrastreich ist das Gebiet um Fisherman's Wharf, North Beach, Chinatown, Nob Hill und Russian Hill. Die Zeiten des Goldrausches von 1848/49, in denen über 600 Schiffe von ihren Besatzungen im Hafen von San Francisco zurückgelassen wurden, sind lange vorbei.

⭐ *Fisherman's Wharf* ist jedoch mehr als nur eine Sammlung von T-Shirt-Läden und Restaurants: Heute liegen am *Hyde Street Pier* Museumsschiffe, während östlich des Touristen-Epizentrums *Pier 39* die Kreuzfahrtdampfer anlegen. Und noch immer stechen von der Nordseite der Jefferson Street Fischer in See, um mit vollen Netzen zurückzukehren.

Nach jahrelanger Versandung liegt *North Beach* nicht mehr direkt am Wasser: Heute bestimmen statt italienischer Seeleute italienische Cafés und Restaurants sowie coole Bars das Straßenbild. Das benachbarte *Chinatown* ist noch immer eins der größten chinesischen Ballungszentren an der Pazifikküste, doch auf dem *Russian Hill* wohnt kaum noch ein Russe – die russische Minderheit zog es schon vor langer Zeit in den Richmond District.

Der im Erdbeben von 1906 fast komplett zerstörte *Nob Hill* beherbergt heute zahlreiche edle Hotels und Apartmentgebäude. Der hier früher residierende Geldadel baute seine prachtvollen Villen im westlich gelegenen Pacific Heights neu auf. Entlang der *Polk Street* treffen Sie in schrägen Kneipen und Restaurants aus aller Herren Länder auf jede Menge entspannte Einheimische.

◼1 ALCATRAZ ISLAND ★ ●

(136 B2) (*ᗡ O*)

Die Spanier nannten das Felseneiland *Isla de los Alcatraces* – Insel der Pelikane –, weil Tausende dieser Vögel es bevölkerten. Erst die Amerikaner errich-

len zu füllen. Deshalb wurden dann sogar einfache Autodiebe und Einbrecher auf der Insel eingekerkert. Und das erschien den Vollzugsbehörden dann doch unsinnig – wegen der Kosten, zu denen man den Inhaftierten auch Hotelzimmer hätte mieten können. Als 1962 drei Männer flüchteten, nahm die Regierung dies zum Anlass, das teure Verlies zu schließen. Heute steht Alcatraz als Teil der *Golden Gate National Recreation Area* unter

Das sicherste und berüchtigste Gefängnis der Welt: Alcatraz

teten auf der Insel ein Fort, das später in ein Armeegefängnis und schließlich in das gefürchtetste Zuchthaus der Vereinigten Staaten umgewandelt wurde. Das war 1934, als die Öffentlichkeit einen „Tigerkäfig" für die schlimmsten der Gangster forderte. Das eiskalte Wasser, starke Strömungen, Maschinengewehrtürme und elektronische Detektoren sorgten für die gewünschte Isolation der Inhaftierten. Al Capone schmorte auf dieser „Insel des Teufels", ebenso „Machine Gun Kelly", „Doc" Barker, „Creepy" Karpis und der „Birdman" von Alcatraz. Aber so viele Unterweltgrößen gab es schlicht nicht, um die mehr als 300 Zel-

Verwaltung des *National Park Service*. Rechnen Sie etwa vier Stunden für den Besuch ein. Die Überfahrt zur Insel startet vom Pier 33, buchen Sie wegen des Ansturms Ihre Tour unbedingt vorher. Wenn Sie Ihre Tickets am PC ausdrucken, müssen Sie nicht in der Schlange stehen. *Tgl. ab 9 Uhr, letzte Fahrt saisonal unterschiedlich | Fahrpreis inkl. Audiotour $ 26 | www.alcatrazcruises.com*

◼2 CABLE CARS UND F-LINIE ★ ●

Sie sind Wahrzeichen und rollende Museen zugleich. Mehrmals schon sollten die Cable Cars eingemottet werden. Jedes Mal gab es jedoch augenblicklich

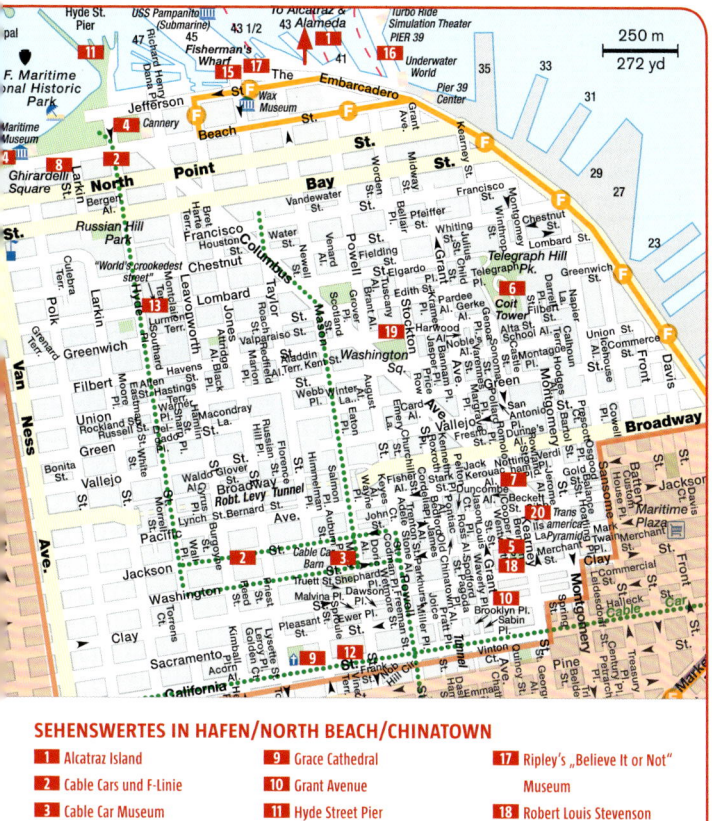

SEHENSWERTES IN HAFEN/NORTH BEACH/CHINATOWN

- **1** Alcatraz Island
- **2** Cable Cars und F-Linie
- **3** Cable Car Museum
- **4** Cannery/Del Monte Square
- **5** Chinese Culture Center
- **6** Coit Tower
- **7** Columbus Tower
- **8** Ghirardelli Square
- **9** Grace Cathedral
- **10** Grant Avenue
- **11** Hyde Street Pier
- **12** James C. Flood Mansion
- **13** Lombard Street
- **14** Maritime Museum
- **15** Musée Mécanique
- **16** Pier 39
- **17** Ripley's „Believe It or Not" Museum
- **18** Robert Louis Stevenson Memorial
- **19** St. Peter and Paul
- **20** Transamerica Pyramid

großen Protest. Seit 1955 ist es Gesetz: Der Betrieb der drei Linien kann nur mit Zustimmung der Wählermehrheit eingestellt werden – ein wirklich unwahrscheinlicher Fall. **INSIDER TIPP** Vermeiden Sie übrigens ewiges Warten an den Endstationen, indem Sie ein paar Stationen weiter laufen, um dann in den nächsten Wagen einzusteigen – oder sich einfach aufs Trittbrett zu schwingen.

Auch auf der Strecke der F-Linie setzen die Muni-Verkehrsbetriebe historische Fahrzeuge ein – manche noch aus den 1920er-Jahren. Sie können Ihren Augen trauen: Die Straßenbahn, die vom Fisherman's Wharf über Embardacero und Market Street bis zum Castro-Viertel fahren, kommen aus Hamburg. Und aus Osaka, Melbourne, Moskau und Mailand, aber auch aus Newark, Philadelphia und natürlich San Francisco. Vom Fisherman's Wharf über Embardacero und Market Street bis zum Castro-Viertel sind sie täglich bis zu 20 Stunden im Einsatz – Respekt.

3 INSIDER TIPP CABLE CAR MUSEUM ● (128 C3) (*O4*)

Wie funktioniert der unterirdische Seilzug, wie sahen die Wagen früher aus, wie werden sie angetrieben – hier wird Ihnen alles Wissenswerte bis ins Detail erklärt. *Tgl. 10–18, Okt.–März nur bis 17 Uhr | Eintritt frei | 1201 Mason St. | Cable Car PH – Powell & Hyde, PM – Powell & Mason*

4 CANNERY/DEL MONTE SQUARE (128 B1) (*N2*)

Die 1907 errichtete Cannery war einst die größte Pfirsichdosenfabrik der Welt. Heute beherbergt sie Restaurants, Shops und Bars. Im relativ windgeschützten Innenhof musiziert ein eklektischer Mix von Newcomern und alten Hasen, während über 130 Jahre alte Olivenbäume den Besuchern Schatten spenden. *500 Beach St. | Muni F – Market*

5 CHINESE CULTURE CENTER (128 C3) (*P4*)

Das Zentrum will Treffpunkt der chinesischen Gemeinde sein und chinesische Kunst und Kultur fördern. Die Ausstellungen wechseln häufig, haben aber immer einen Bezug zur chinesischen Kultur. Interessant für Besucher sind aber auch Aktivitäten wie die *Heritage* und *Culinary Walks,* bei denen kundige Führer Spaziergänge durch Geschichte und Küche von Chinatown leiten. *Di–Sa 10–16 Uhr | Eintritt frei | 750 Kearny St., 3. Stock des Hilton Hotels | www.c-c-c.org | Muni 15 – 3rd*

6 COIT TOWER ☆ (128 C2) (*P3*)

137 m über dem Meeresspiegel – das ist natürlich nur beeindruckend, wenn der

Technik zum Greifen nah: Im Cable Car Museum stehen Sie im Herzen des Betriebswerks

Meeresspiegel so nahe vor einem liegt. Da dies hier der Fall ist, bietet der 63 m hohe Turm auf dem 74 m hohen *Telegraph Hill*, der wiederum unmittelbar vor den Piers von San Francisco nach oben strebt, **INSIDER TIPP** **einen besonders schönen Rundblick**.

Lillie Hitchcock Coit, eine reiche Exzentrikerin, hatte eine gewisse Vorliebe für Feuerwehrmänner. Als Kind war sie das Maskottchen der Mannschaft von Löschwagen Nummer fünf. Nach ihrem Tod 1929 hinterließ sie 100 000 US-Dollar mit der Verfügung, den Turm zu Ehren der Feuerwehrleute zu bauen.

Im Kontrast zum Reichtum von Lillie Hitchcock Coit stehen einige Motive der Wandmalereien im Inneren. Hier sehen Sie proletarischen Realismus pur, den rund 30 Maler, die sich am Mexikaner Diego Rivera orientierten, 1934 schufen. Die Säulenform des Turms ähnelt indes nur zufällig dem Rohr einer Feuerspritze. Ein Fahrstuhl führt zur Aussichtsetage. *Tgl. 10–19 Uhr | Eintritt $ 4,50 | Telegraph Hill Blvd. | Muni 39 – Coit*

Illuminierter Aussichtsturm hoch über der Stadt: Coit Tower

7 COLUMBUS TOWER (128 C3) (*P4*)

Manche nennen ihn korrekt *The Sentinel Building*, andere sprechen schlicht von *Coppola's*. Und zwar nach dem Filmemacher Francis Ford Coppola, der hier seine Geschäfte betreibt. Das *Café Zoetrope* im Erdgeschoss bietet italienische Speisen und Weine an. Vielleicht erspähen Sie dort ja die eine oder andere Hollywoodgröße? Die benachbarte *Transamerica Pyramid* schafft einen wunderbar fotogenen Kontrast zwischen Alt und Neu. *Columbus Ave./Ecke Kearny St. | Muni 20 – Columbus*

8 GHIRARDELLI SQUARE
(127 F1) (*N2*)

Am Westrand des Fisherman's Wharf liegt der Ghirardelli Square, benannt nach der Schokoladenfabrik des italienischen Kaufmanns Domingo Ghirardelli. Dessen Leckereien werden hier noch immer verkauft, aber nicht mehr produziert. Zahlreiche Restaurants und Läden runden das Bild ab. *So–Do 10–23, Fr/Sa 10–24 Uhr | 900 North Point St. | Muni 19 – Polk*

9 GRACE CATHEDRAL
(128 B–C3–4) (*O4*)

Notre-Dame? Nein, Grace Cathedral, eine neugotische Nachahmung mit einem wunderschönen, nachts von innen angestrahlten Rosettenfenster, das 1970 im französischen Chartres angefertigt wurde. Grace Cathedral ist Bischofssitz der *Episcopal Church,* einer der wichtigsten protestantischen Gemeinden in den Vereinigten Staaten. *Taylor St./Ecke California St. | Cable Car C – California, Muni 1 – California*

⑩ GRANT AVENUE
(128 C2–4) (𝕞 P2–5)

Sie war die erste Straße von Yerba Buena, das zu San Francisco wurde, und sie hieß damals *Calle de la Fundación,* Gründungsgasse. An der Kreuzung mit der Bush Street wird sie schmaler, durch das *China Gate* geht es hier ins Herz von Chinatown. An der Kreuzung mit Grant Avenue überrascht *Old St. Mary's Church* (1854), früher San Franciscos katholische Kathedrale, heute die Gemeindekirche der chinesischen Katholiken.

Südlich des Drachentors an der Ecke Grant und Bush Street wechselt die Atmosphäre – wo bis zu Anfang des 20. Jhs. ein Rotlichtbezirk zu finden war, reihen sich heute exklusive Downtown-Geschäfte aneinander. Im Norden befinden sich ab der Kreuzung mit der Columbus Avenue in den ehemaligen Elendsquartieren der Chinesen die Cafés und Kneipen von North Beach. Zusammengefasst erleben Sie die Grant Avenue vom Union Square kommend in der Abfolge elegant, pittoresk, heruntergekommen und am Ende schließlich schön. Denn dort, wo das Nordende der Straße den Telegraph Hill hinaufklettert, stehen einst schlichte Holzhäuser, die heute wegen ihrer Aussicht heiß begehrt und nahezu unbezahlbar sind. *Muni 30 – Stockton*

⑪ HYDE STREET PIER
(128 B1) (𝕞 N1)

Ein Bild längst vergangener Zeiten malen die sechs Schiffe, die am Hyde Street Pier vor Anker liegen – vom Kap-Hoorn-Umsegler *Balclutha* bis zur Fähre *Eureka.* In einer Werkstatt bauen Nationalparkangestellte vom Zahn der Zeit angenagte Bootsteile von Hand nach. *9.30–17.30 (Juni–Aug.), 9.30–17 Uhr (Sept.–Mai) | Eintritt $ 5, Karte gilt sieben Tage | Muni Cable Car PH – Powell & Hyde*

RICHTIG FIT

Noch überschüssige Energien übrig? Dann die Laufschuhe angezogen und die Hügel von Potrero Hill rauf und runter gejoggt – von der ✿ De Haro Street (135 D2–4) (𝕞 Q9–11) *(Muni 19 – Polk)* gibt's herrliche Ausblicke auf die Innenstadt. Wenn Sie lieber Sport gemeinsam mit anderen machen, freuen sich im weitläufigen ● *Golden Gate Park* (130 A2–132 C2) (𝕞 A–H 8–9) Fuß- und Volleyballer, Frisbee-Golfer und Boccia-Experten immer auf neue Mitspieler *(Muni 5 – Fulton).*

Oder gehen Sie lieber ins Wasser? Alle Stadtstrände sind ganzjährig geöffnet, und der *South End Rowing Club (www. south-end.org)* veranstaltet ein jährliches 2000-m-Schwimmen von Alcatraz zum Aquatic Park (128 B1) (𝕞 N2) *(Muni F – Market).*

Das ganze Jahr können Sie sich auch bei schlechtem Wetter in der überdachten Eishalle und Bowlinganlage ● *Yerba Buena Ice Skating & Bowling Center* (129 D5) (𝕞 Q6) sportlich betätigen *(Muni 30 – Stockton).*

12 JAMES C. FLOOD MANSION
(128 C3) (*∅ O4*)

Ein klassischer *brownstone,* der jedoch von der Bauweise her eher nach New York gepasst hätte. Das Herrenhaus aus dem Jahr 1886 war das erste Brownstonehaus, das westlich des Mississippi von Augustus Laver erbaut wurde, und zwar für den „Bonanza King" James C. Flood, einen Gewinnler des Silberbooms, der schon seinerzeit 1,5 Mio. US-Dollar für sein Haus aufbringen konnte. 1906 brannte es aus, wurde aber gerettet und bald darauf erweitert und umgebaut. Heute residiert dort der *Pacific Union Club,* ein exklusiver Verein wohlhabender Geschäftsmänner. Der benachbarte **INSIDER TIPP** ▶ *Huntington Park* lädt zum entspannten Verschnaufen ein. *1000 California St. | Cable Car C – California*

13 LOMBARD STREET ★ ● ⚹
(128 B–C2) (*∅ N3*)

The crookedest street in the world – die krummste Straße der Welt – darf nur abwärts befahren werden. So steil ist sie und zudem mit Ziegelsteinen gepflastert. In atemberaubenden Kurven überwindet sie das Gefälle des *Russian Hill.* In jeder Kurve blühen Blumenrabatten, die ein herrliches Fotomotiv bilden. Wollen Sie die Lombard Street hinabfahren, meiden Sie die extrem geschäftigen Wochenenden. Das „krumme" Stück geht von der Hyde Street ab. *Cable Car PH – Powell & Hyde*

14 MARITIME MUSEUM
(128 A1) (*∅ N2*)

Das Art-déco-Gebäude des Museums aus den 30er-Jahren des 20. Jhs. ist einem Ozeandampfer nachempfunden – der *Aquatic Park* bildet das Deck, komplett mit Bug und Heck. Besucherzentrum und Exponate finden Sie derzeit an der Ecke Jefferson und Hyde Street. Im ele-

Lombard Street – die verrückteste Serpentinenstraße der Welt

gant-weißen Gebäude erstrahlen derweil restaurierte Unterwasserwandmalereien *(tgl. 10–16 Uhr).*
Für ● Schiffsenthusiasten interessant und in empfehlenswerter Laufweite: die *USS Pampanito,* auf der U-Boot-Fans sogar

übernachten können *(tgl. 9–18 Uhr | Eintritt $ 10 | Pier 45).* Direkt daneben: die *SS Jeremiah O'Brien,* eines der über 2300 Liberty-Schiffe, die im Zweiten Weltkrieg für die Handels- und Kriegsmarine fuhren *(tgl. 9–16 Uhr | Eintritt $ 10 | Pier 45).*

15 INSIDER TIPP ▶ MUSÉE MÉCANIQUE *(128 B1) (♉ O2)*

Was unternahmen unsere Groß- und Urgroßeltern um die Jahrhundertwende in der Freizeit? TV und Einkaufszentren gab es keine, doch ein beliebter Zeitvertreib

16 PIER 39 ● *(128 C1) (♉ O–P1)*

Der Pier 39 ist mit großen Blumenkübeln farbenprächtig geschmückt und hat noch mehr Geschäfte als Ghirardelli Square und Cannery zusammen. Seit 1990 übernehmen vorwitzige Seelöwen die Bootsstege westlich des Piers. Im Winter wächst ihre Zahl von 300 auf bis zu 900 an – dann wird es eng auf den Holzplattformen, um die Tag und Nacht lautstark gerangelt wird. Am Wochenende informieren Mitarbeiter des *Marine Mammal Center* über das Leben der Seelöwen. *www.pier39.com | Muni F – Market*

Auf den Holzanlegern nahe Pier 39 tummeln sich dicht an dicht die Seelöwen

waren mechanische Spielautomaten und Musikinstrumente. Edward Galland Zelinsky stellt seine riesige Sammlung dieser nostalgischen Geräte öffentlich aus – kostenlos! *Mo–Fr 10–19, Sa/So 10–20 Uhr | Pier 45, Ende der Taylor St. | www.museemecanique.org | Muni F – Market*

17 RIPLEY'S „BELIEVE IT OR NOT" MUSEUM *(128 B1) (♉ O2)*

Die kleinste Geige der Welt, originelle Grabsteininschriften, angekettete Fakire und noch ungefähr 2000 andere von Robert LeRoy Ripley gesammelte Kuriosa sind hier zu bestaunen. *So–Do 10–22, Fr/*

Sa 10–24 Uhr | Eintritt $ 16,99 | 175 Jefferson St. | Muni F – Market

18 ROBERT LOUIS STEVENSON MEMORIAL (128 C3) (🚗 P4)

Er schrieb die *Schatzinsel* und begeisterte Millionen. Mit *Dr. Jekyll und Mr. Hyde* explorierte er die Persönlichkeitsspaltung. Sein persönliches Abenteuer war anderer Art: Arm und krank verbrachte er die Jahre 1878–80 damit, auf die Scheidung der von ihm angebeteten Fanny Osbourne zu warten. Danach hatte der Engländer noch 14 Jahre zu leben, bevor er 1894 auf Samoa starb. Nun erinnert ein Traumschiff auf einem Granitblock an ihn. *Portsmouth Square/Ecke Kearny St. und Washington St. | Muni 41 – Union*

19 ST. PETER AND PAUL (128 C2) (🚗 P3)

Hier heiratete der Baseballstar Joe DiMaggio seine erste Frau Dorothy Arnold und posierte nach der Hochzeit mit seiner zweiten Frau Marilyn Monroe für Fotos auf den Stufen der Eingangstreppe. Geleitet wird die Kirche, die sich ursprünglich an die italienischen Einwanderer richtete, vom Orden der Salesianer Don Boscos, der zweitgrößten katholischen Ordensgemeinschaft nach den Jesuiten. *666 Filbert St. | Muni 41 – Union*

20 TRANSAMERICA PYRAMID (129 D3) (🚗 Q4)

Anfangs war er hochgradig umstritten, doch inzwischen ist dieser Büroturm zu einem Wahrzeichen der Stadt geworden ist. Und die Zahlen zu dem 1972 fertiggestellten, von William Pereira entworfenen Gebäude beeindrucken. Die oberste der 48 Etagen hat nur noch ein Elftel der Fläche des Parterres. 260 m – kein Haus, wohl aber der Fernsehturm ragt noch höher hinauf. *600 Montgomery St./Ecke Columbus Ave. | Muni 41 – Union*

DOWNTOWN/ SOUTH OF MARKET

Civic Center, Financial District und South of Market – so kennen wir amerikanische Großstädte aus Film und Fernsehen: Hochhausschluchten, geschäftige Menschen, Autohupen und Polizeisirenen.

Das finden Sie zwar auch in der Innenstadt, der Downtown von San Francisco, doch irgendwie entspannter und nicht ganz so verbissen wie etwa in New York. Selbst im Finanzzentrum der Stadt laden immer wieder Bänke und die Sockel der Denkmäler zum Verweilen und dem Erkunden der alten und neuen Wolkenkratzer ein. In Coffee Shops und kleinen Restaurants stärken sich Angestellte und Stadtbummler für den Rest des Tages. Südlich der Market Street locken das 2006 eröffnete *Westfield Shopping Centre*, das Messezentrum *Moscone Center*, das Einkaufs- und Kinozentrum *Metreon*, das *Yerba Buena Center for the Arts* und das *Museum of Modern Art* – da kommt keine Langeweile auf.

1 101 CALIFORNIA (129 D3) (🚗 Q4)

Der Architekt gehört zu den berühmtesten Amerikas – und ihm ist stets etwas Originelles eingefallen. Philip Johnson schuf das auch *Hines Tower* genannte Gebäude Anfang der 1980er-Jahre, sozusagen als Vorspiel zur Postmoderne. Der Sockel des Hochhauses wirkt wie die Symbiose eines Treibhauses mit einem Steindreieck. Auf diesem Unterbau steht ein zylindrischer Turm, dessen Außenwand von Prismen bedeckt ist, die das Licht tausendfach brechen. Zwei steil aufragende, ebenfalls dreieckige

Blumenterrassen bilden zusammen mit dem Sockel einen eigenwilligen Hof, in dem ein Brunnen aus weißem Granit plätschert. *101 California St. | Cable Car C – California*

2 ABRAHAM LINCOLN MONUMENT
(128 B5) (*N 6–7*)

Da sitzt er, der 16. Präsident der Vereinigten Staaten, der 1865 erschossen wurde und deshalb zwar noch die Rückeroberung der Südstaaten, nicht aber mehr das Ende der Sklaverei erleben konnte. Freundlich, ja fast fragend schaut er vor dem Haupteingang des Rathauses auf die Menschen und unterscheidet sich damit von den meisten anderen Lincoln-

Abraham Lincoln, Gegner der Skalverei, sitzt vor der City Hall

Standbildern, die den Sklavenbefreier mit düsterem Blick zeigen. Als Haig Patigian das Denkmal 1926 schuf, hatten viele Menschen Sorgen, die denen der Sklaven gar nicht so unähnlich waren: wirtschaftliche Depression, Not und Armut. *City Hall am Civic Center | Muni 5 – Fulton, 21 – Hayes*

3 ASIAN ART MUSEUM
(128 B5) (*O6*)

Das alte Gebäude im Golden Gate Park wurde aufgrund eines Erdbebenschadens eingerissen, seit 2003 residiert das Asian Art Museum in der ehrwürdigen ehemaligen Stadtbibliothek dem Rathaus gegenüber. Das Warten hat sich gelohnt: Auf fast 4000 m² werden etwa 15 000 verschiedene Ausstellungsstücke präsentiert. Aber auch die Architektur kann sich sehen lassen: Der italienische Stararchitekt Gae Aulenti war u. a. auch für die Architektur des Musée d'Orsay in Paris zuständig. Das Ergebnis: Die Integrität der im Beaux-Arts-Stil gebauten Gemäuer wurde erhalten und gleichzeitig mit vielen raffinierten Glaselementen aufgefrischt. *Di–So 10–17, Do 10–21 Uhr | Eintritt $ 12 | 200 Larkin St. | www. asianart.org | Muni 21 – Hayes*

4 AUTODESK GALLERY ⏱
(129 E3) (*R4*)

Eine Mischung aus schickem Design-Museum und milder Dauerwerbesendung ist diese Galerie, die nach strengsten Energiesparvorschriften errichtet wurde. Sie illustriert den Weg von der Idee zum fertigen Produkt: Autos, Gitarren, eine Kathedrale, die Bay Bridge und sogar die Academy of Sciences – bei allen kam die Design-Software von Autodesk zum Einsatz. *Mo–Fr 9–17 Uhr, tgl. Führung um 12.30 Uhr | Eintritt frei | 1 Market St., Suite 200 | usa.autodesk.com/gallery | Muni F – Market*

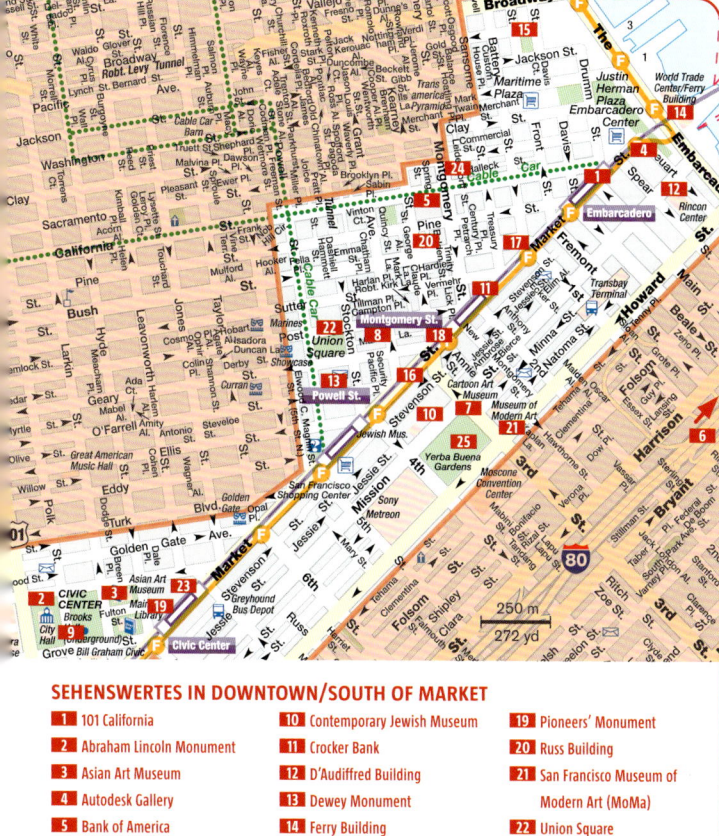

SEHENSWERTES IN DOWNTOWN/SOUTH OF MARKET

1 101 California
2 Abraham Lincoln Monument
3 Asian Art Museum
4 Autodesk Gallery
5 Bank of America
6 Bay Bridge/Treasure Island
7 Cartoon Art Museum
8 Circle Gallery
9 City Hall/Civic Center

10 Contemporary Jewish Museum
11 Crocker Bank
12 D'Audiffred Building
13 Dewey Monument
14 Ferry Building
15 Fountain of the Four Seasons
16 Market Street
17 Mechanics Monument
18 Pacific Telephone Building

19 Pioneers' Monument
20 Russ Building
21 San Francisco Museum of Modern Art (MoMA)
22 Union Square
23 Vaillancourt Fountain
24 Wells Fargo History Museum
25 Yerba Buena Gardens/ Center for the Arts

5 BANK OF AMERICA
(129 D3) (∅ P4)

Hier residiert sie, und als der gezackte Wolkenkratzer mit seinen 52 Stockwerken und 228 m Höhe im Jahr 1972 erbaut wurde, war sie noch die mächtigste Bank der Welt. Der Granit der Fassade wechselt seine Farbe je nach den Lichtverhältnissen von Blutrot zu fast Schwarz. Über die Farbe der Plastik auf dem Vorplatz, geschaffen von dem Japaner Masayuke Nagare, herrscht indes kein Zweifel. Sie ist tiefschwarz und hieß schon bald nach der Vollendung dieses Gebäudes im Jahr 1962 im Volksmund *The Banker's Heart. California St. zwi-*

schen Kearny und Montgomery St. | Cable Car C – California

⑥ BAY BRIDGE/TREASURE ISLAND
(136 C2) (📖 S4–5)

Die *San Francisco-Oakland Bay Bridge* ist die Schwester der *Golden Gate Bridge.* Weltweit bekannt wurde sie durch das Erdbeben von 1989, als 15 m der Konstruktion brachen, die obere Fahrbahn auf die untere stürzte und damit für mehrere Autofahrer zur Todesfalle wurde. Seit 2002 läuft ein erdbebensicherer Neubau des Ostteils. Mit mehrjähriger Verspätung und zum Kostenpunkt von

⑦ CARTOON ART MUSEUM
(129 D4) (📖 Q5)

Die Gegend um San Francisco war schon immer ein Magnet für Cartoontalente. Im einzigen Cartoonmuseum der USA sind nicht nur Karrikaturen zu sehen, sondern werden auch geschichtliche und soziale Veränderungen anhand von Cartoons erklärt. *Di–So 11–17 Uhr | Eintritt $ 7 | 655 Mission St. | www. cartoonart.org | Muni 30 – Stockton*

⑧ CIRCLE GALLERY (128 C4) (📖 P5)

Kennen Sie das Guggenheim-Museum in New York? Hier steht das Gesellenstück

Hauptverkehrsstrecke mit Aussicht – die Bay Bridge verbindet San Francisco mit Oakland

6,1 Mia. statt 780 Mio. Dollar soll die Ein-Turm-Brücke 2013 fertig sein. Für den Verkehr ist die 1933–36 errichtete Verbindung mit Oakland wichtiger als ihr berühmtes Pendant. Rund 100 Mio. Autos rollen Jahr für Jahr über das 13,6 km lange, für Fußgänger gesperrte Bauwerk. Traumhafte Ausblicke von der ehemaligen Militärbasis Treasure Island. *Stadteinwärts $ 4 Maut*

dazu. Der Laden von Frank Lloyd Wright war die erste, kleine Ausführung eines Hauses mit einer sich innen hochwindenden Rampe. Er steht an der Maiden Lane, dem Jungfernstieg, der aber anders als jener in der deutschen Stadt Hamburg vor 100 Jahren eine Gasse der Prostitution war. *140 Maiden Lane, nahe Union Square | Cable Car PH – Powell & Hyde*

9 CITY HALL/CIVIC CENTER
(128 B5) (*M N6–7*)

Nach dem Erdbeben von 1989 nutzte der damalige Bürgermeister Willie Brown die Gunst der Stunde, das 1915 eröffnete Rathaus nicht nur seismisch zu sichern, sondern auch das Dach in den ursprünglichen Zustand zurückzuversetzen – Goldschmiedearbeiten im Wert von über 330 000 Euro inklusive. Das Gebäude mit seiner über 93 m hohen Kuppel – höher als das Kapitol in Washington, D.C. – wurde von Arthur Brown jr. entworfen, dem Architekten des Opernhauses und des Coit Tower.

Im Zentrum schwingt sich eine imposante Marmortreppe empor, im dritten Stock befindet sich u. a. der Saal, in dem 1954 Marilyn Monroe und Joe DiMaggio heirateten. Mit etwas Glück bringt Sie die INSIDER TIPP empfehlenswerte Führung auch ins Vorzimmer und den Empfangsraum des Bürgermeisters (*Mo–Fr 8–20 Uhr, Führungen Mo–Fr 10, 12, 14 Uhr | 1 Dr. Carlton B. Goodlett Place*).

Das Civic Center mit Bibliothek, Oper, Theater und Museum wurde nach dem Erdbeben von 1906 vollständig neu aufgebaut. Die französische Renaissance stand Pate für das Rathaus, die Fassaden der darum herumgruppierten Bauwerke wurden ihm angeglichen, obwohl sich die Bauphase von 1915 (Rathaus) bis 1936 (*Federal Office Building*) hinzog. Nur die 1980 entstandene *Davies Hall* – Sitz des *San Francisco Symphony Orchestra* - wurde im bewussten Kontrast modern und weniger erdbebenanfällig errichtet. *Muni F – Market, 21 – Hayes*

10 INSIDER TIPP CONTEMPORARY JEWISH MUSEUM (129 D4) (*M P6*)

Das erst 1984 gegründete Museum hat sich zum Ziel gesetzt, mit ständig wechselnden Ausstellungen und besonderen Veranstaltungen jüdische Kultur, Geschichte, Kunst und Gedankengut zu beleuchten. Die Exponate, Diskussionsrunden und Vorträge erwiesen sich als so populär, dass ein 7000 m² großer Neubau notwendig wurde, der im Juni 2008 seine Türen öffnete. Das Gebäude erinnert nicht von ungefähr an das Jüdische Museum in Berlin beziehungsweise das Felix-Nussbaum-Haus in Osnabrück: Der verantwortliche Planer hieß in allen drei Fällen Daniel Libeskind. In San Francisco flanschte der US-amerikanische Stararchitekt einen Neubau mit den für ihn typischen dramatischen Linien an ein Umspannwerk von Pacific Gas & Electric an, das Willis Polk ein Jahr nach dem großen Erdbeben von 1906 entworfen hatte. Die Veranstaltungen des Contemporary Jewish Museums richten sich an alle Altersklassen: Familien basteln Puppen mit Mitgliedern des israelischen Nationaltheaters, Teenager erkunden die Architektur des Museums, während deren Eltern die laufende Ausstellung besuchen. *Do 13–20, Fr–Di 11–17 Uhr | Eintritt $ 10 | 736 Mission St. | www.thecjm.org | Muni 30 – Stockton*

11 CROCKER BANK (129 D4) (*M Q5*)

Alt und Neu: An der Ecke Montgomery Street und Post Street erhebt sich der Hauptsitz des Geldhauses wie damals zur Gründerzeit. Aber er wurde Mitte der 1980er-Jahre in einen Turm integriert und erscheint daher wie ein Einschluss im Bernstein gefangen. Der Turm, eine mit rosa Marmor verkleidete, schlanke Nadel, ragt 212 m in die Höhe. Zwischen den beiden Gebäudeteilen liegt noch eine Einkaufspassage unter einem gewölbten Glasdach, die sich über vier Etagen erstreckt – eine höchst sehenswerte Kombination. Der Dachgarten ist eine grüne Oase inmitten der geschäftigen Stadt. *Post St./Ecke Montgomery St. | Muni F – Market*

12 D'AUDIFFRED BUILDING
(129 E3) (*M R4*)

Nach seinem Erbauer Hippolyte d'Audiffred benanntes, besonders hübsches viktorianisches Haus, das sich von den meisten anderen durch die Einheitlichkeit seines Stils unterscheidet. Da es in Büros und Geschäfte unterteilt ist, kann man es zum Teil auch von innen besichtigen. *Mission St. am Embarcadero | Muni F – Market*

13 DEWEY MONUMENT
(128 C4) (*M P5*)

Auch dies ein Denkmal zur Verherrlichung des Spanisch-Amerikanischen Kriegs von 1898: Auf einem Granitklotz stürmt eine geflügelte und gekrönte Siegesgöttin mit Dreizack in der Hand Admiral Dewey entgegen, der in der Seeschlacht von Manila Bay die spanische Flotte bezwang und der Alten Welt die Dritte Welt zugunsten der Neuen Welt abjagte. *Union Square | Cable Car PH – Powell & Hyde, PM – Powell & Mason*

14 INSIDER TIPP ▶ FERRY BUILDING
(129 E3) (*M R4*)

Das Ferry Building am Ende der Market Street (1896–1903) war vor dem Bau der beiden großen Brücken, der Bay Bridge und der Golden Gate Bridge, ein Verkehrsknotenpunkt: der Fähranleger, von dem aus die Boote über die Bay fuhren. Immerhin entstiegen hier schon vor 1936 jährlich rund 50 Mio. Passagiere den Fähren aus Norden und Osten – viele kamen vom Bahnhof der transkontinentalen Eisenbahn in Oakland. 2003 wurde das Ferry Building mit seinem 70 m hohen Glockenturm rundum erneuert und lädt nun mit Cafés, einem Buchladen, Restaurants und von lokalen Erzeugern angebotenen Nahrungsmitteln zu einem ausgiebigen Bummel ein. *Embarcadero/ Ecke Market St. | Muni F – Market*

15 FOUNTAIN OF THE FOUR SEASONS
(129 D3) (*M Q3–4*)

Die vier Jahreszeiten – sie werden von vier Säulen aus Bronze symbolisiert, die in ihrer unterschiedlichen Größe und Form Frühjahr, Sommer, Herbst und Winter darstellen. Das Wasser fließt von den Säulen in einen ruhigen kleinen Teich. François Stahly schuf den Brunnen 1967. Der Brunnen bildet den Mittelpunkt des oft übersehenen Parks am Sydney G. Walton Square, der noch mit einigen weiteren Kunstwerken, gepflegten Rasen, hohen Pinien und kreisförmig angepflanzten Pappeln zu einer kleinen Rast

Im Ferry Building schlägt heute die Stunde der Shopper und Genießer

einlädt. *Ecke Jackson & Front St. | Muni F – Market, 10 – Townsend*

16 MARKET STREET
(129 E3–131 D5) (𝄜 L9–R4)

Sie verläuft diagonal und stört den ansonsten meist rechtwinkligen Stadtgrundriss. Mit ihrer Breite von 30 m hat sie viele Grundstücke aufgezehrt. Deswegen wurde der Landvermesser Jasper O'Farrell, der sie 1847 plante, beinahe gelyncht.

Nun aber ist sie längst eine der wichtigsten Verkehrsachsen San Franciscos. Unter ihr laufen die Muni-Metros und die Bart-Linie, die die Stadt mit den Siedlungsgebieten jenseits der Bay verbindet. Diese Transportmittel wiederum bildeten die Infrastruktur, die nötig war, um in den 1970er-Jahren die Bürohochhäuser des Financial District zu beiden Seiten des nordöstlichen Teils der Market Street hochzuziehen. Behörden residieren im zentralen Civic Center an ihrer Nordseite. Weniger schön: der Bereich zwischen 6th Street und Van Ness Avenue – dort laufen viele Obdachlose und Junkies herum. An ihrem Ende im Südwesten ist die Straße dann nicht mehr überall bebaut. Dort, wo sie sich zum Bergkamm zwischen Corona Heights und Twin Peaks hinaufwindet, ist das Gelände oft zu steil, um darauf Häuser zu errichten. *Muni F – Market*

Market Street: Geschäfte, Hochhäuser und die historische F-Linie

nie und gründete die San Francisco Gas Company. *Battery St./Ecke Market St. | Muni F – Market*

17 MECHANICS MONUMENT
(129 D4) (𝄜 Q5)

Moment mal, sind wir hier wirklich noch in einem Paradeland des Kapitalismus? Fünf überdimensionierte Arbeiter hantieren an einer Eisenplatte. Das Denkmal des proletarischen Realismus schuf Douglas Tilden 1900/01, um Peter Donahues zu gedenken. Der irische Einwanderer und Schmied baute die erste Druckerpresse, die erste Straßenbahnli-

18 PACIFIC TELEPHONE BUILDING
(129 D4) (𝄜 Q5)

Einer der schönsten Wolkenkratzer – aus dem Jahr 1925. Vorne streben die langen Linien nach oben, hinten ist das erste Hochhaus San Franciscos asymmetrisch konstruiert. Noch immer laufen Planungen für ein Luxushotel und Eigentumswohnungen im Gebäude. *140 New Montgomery St., nahe Market St. | Muni F – Market*

19 PIONEERS' MONUMENT
(128 B5) (*O6*)

Das größte Denkmal der Stadt gebührt den Pionieren, jenen Abenteurern und Wagemutigen, die den amerikanischen Kontinent eroberten. Einer mit Schild und Speer ausgestatteten Göttin huldigen vier Gruppen weißer Ankömmlinge, die über Meere, Landwege und Indianer obsiegten. Ein gewisser James Lick stiftete das riesige Denkmal. Sein Name prangt neben dem der Siedler und Sol-gomery St., nahe Pine St. | Muni Cable Car C – California

21 SAN FRANCISCO MUSEUM OF MODERN ART (MOMA) ★ ●
(129 D4) (*Q5*)

Die Stärken des Museums für moderne Kunst liegen besonders beim abstrakten Expressionismus und bei der Fotografie. Das Problem war immer, dass die Räume gar zu klein waren und aus den Beständen Teile für „rotierende" Ausstellungen

Das MoMa: So spektakulär wie die Architektur sind viele der hier ausgestellten Kunstwerke

daten, die sich die Neue Welt untertan machten. *Hyde St. /Ecke Fulton St. | Muni F – Market*

20 RUSS BUILDING (129 D4) (*Q5*)

Das frühe Hochhaus von 1928 war mit seinen 31 Etagen lange das höchste Gebäude San Franciscos. Trotz seiner Symmetrie besitzt es die für viele Gebäude aus jenen Jahren typische abwechslungsreiche Gestaltung, die meistens durch die von der Neogotik abgeschauten Ornamente bestimmt wird. *235 Mont-*ausgewählt werden mussten. Da wurden mal Werke von Francesco Clemente und 125 seiner Zeitgenossen gezeigt, ein andermal 188 Fotos aus Liselotte Models amerikanischer und europäischer Vorkriegsarbeit, dann wieder Chicago-Art von 1965 bis 1985.

Inzwischen hat sich die räumliche Situation entscheidend verbessert. Das Museum konnte in einen von dem Schweizer Architekten Mario Botta entworfenen, $ 60 Mio. teuren Neubau umziehen, der durch seine architektonische Formgebung und raffinierte Lichtführung zu einer wirklichen Kathedrale der modernen Kunst wurde.

Zu den Beständen des San Francisco MoMa zählen Werke der besten Westküstenkünstler wie Mark Rothko und Jackson Pollock, eine beträchtliche Zahl von Gemälden des Franzosen Henri Matisse, einige Gemälde von Juan Miró und Pablo Picasso und eine interessante Auswahl aus den Werken der Deutschen Max Ernst, George Grosz, Ernst Ludwig Kirchner und Kurt Schwitters. Und die Abteilungen für Architektur und Design setzen weltweite Maßstäbe. *Fr–Di 10–17.45, Do 10–20.45 Uhr | Eintritt $18, Do 18–21 Uhr halber Preis, erster Di im Monat Eintritt frei | 151 3rd St. | www.sfmoma.org | Muni 30 – Stockton*

22 UNION SQUARE (128 C4) (*ID P5*)

Das Herz der Stadt liegt inmitten eines der elegantesten Einkaufsviertel und ist zugleich ein kleiner botanischer Garten mit Palmen und exotischen Blumen. Hier trifft man sich, beobachtet Leute und döst in der Sonne. Admiral Deweys Sieg über die spanische Flotte wird mit einem Denkmal in Erinnerung gebracht. Seinen Namen erhielt der Platz, weil hier kurz vor Ausbruch des Bürgerkriegs für die Union, die Nordstaaten also, demonstriert wurde. *Muni 45 – Union-Stockton, Cable Car PH – Powell & Hyde und PM – Powell & Mason*

23 VALLAINCOURT FOUNTAIN (129 D3) (*ID Q–R4*)

So waren sie, die 1970er-Jahre, jedenfalls in der Architektur: nüchtern, praktisch, funktional. Ihnen hat Armand Vallaincourt das entsprechende Denkmal namens *Québec libre!* gesetzt, indem er mehr als 100 Betonklötze übereinanderlegen ließ. *Justin Herman Plaza | Muni F – Market*

24 WELLS FARGO HISTORY MUSEUM (129 D3) (*ID Q4*)

Spannend war der Wilde Westen – eine von Schießereien und Postkutschenverfolgungen prall gefüllte Pioniergeschichte. Auf zwei Etagen des Hauptsitzes der 1852 gegründeten Wells Fargo Bank, der ältesten Bank Kaliforniens und größten Transportgesellschaft des Westens, ist sie nachzuerleben. Abzeichen und Gewehre, *Gold Nuggets* aus der Zeit des Goldrauschs und das Werkzeug der Schürfer sowie die große *Wells Fargo Overland Stage Coach* von 1865, eine Postkutsche, die bis zu 20 Personen befördern konnte. *Mo–Fr 9–17 Uhr | Eintritt frei | 420 Montgomery St. | Cable Car C – California*

25 YERBA BUENA GARDENS/YERBA BUENA CENTER FOR THE ARTS ● (129 D5) (*ID K–L 8–9*)

Noch vor wenigen Jahren trauten sich nur wenige in die Yerba Buena Gardens, nur zwei Blöcke von der Market Street entfernt. Drogendealer und Obdachlose teilten sich die Grünfläche, die sich zwischen dem Metreon, dem San Francisco Museum of Modern Art und dem Zeum ausbreitete. Inzwischen wurde der sonnige Park erheblich herausgeputzt und gehört zu den Lieblingsplätzen der San Franciscans.

Trotz aller Pracht kann es leicht passieren, dass man am *Yerba Buena Center of the Arts* vorbeiläuft. Das wäre ein großer Fehler. In den östlich vom Park gelegenen Ausstellungsräumen geben sich die angesagtesten Künstler der Stadt die Klinke in die Hand. Die zumeist experimentellen Kunstwerke wollen nicht nur die Augen, sondern auch alle anderen Sinne betören und gleichzeitig provozieren *(Do–Sa 12–20, So 12–18 Uhr | Eintritt $7, erster Di im Monat Eintritt frei | 701 Mission St. | www.ybca.org). Muni 30 – Stockton*

ESSEN & TRINKEN

Es heißt, in San Francisco gäbe es so viele Restaurants, dass alle Einwohner gleichzeitig ausgehen könnten und jeder Platz fände. Man sagt aber auch, niemand sei in den USA so sehr auf eine schlanke Linie und auf gesundes Essen bedacht wie die Kalifornier.

Wie passt beides zusammen? Nun, es geht, wenn das Essen wirklich gut ist. Die Gastronomie Nordkaliforniens ist die eleganteste und bekömmlichste Amerikas – und ihre Hochburgen heißen Napa Valley und San Francisco. Jahrzehntelang war indes auch diese Küche mit Minderwertigkeitskomplexen beladen. Denn ihre Chefs kopierten nur, was sie in Europa sahen. Dann aber wurde die California-Cuisine erfunden. Ihr Grundrezept: Koche leicht, variiere die ethnischen Spezialitäten der vielen Völker im Land und besorge alle Zutaten frisch auf den heimischen Märkten.

Parallel änderten die Winzer des nahen Napa Valley ihre Methoden, gingen von der Massenproduktion zu gut gepflegten Weinen über. Diese beiden Grundlagen – herrlicher Wein und frische, einheimische Erzeugnisse – zeichnen auch anderswo eine hervorragende regionale Küche aus.

Noch etwas macht die kulinarische Pilgerfahrt durch San Francisco lohnenswert: die Vielfalt der nationalen Gerichte. Japanisch, chinesisch, russisch, deutsch, italienisch, kreolisch, indisch – alles befindet sich quasi Tür an Tür. Und in einer Stadt mit über 1000 Restaurants können Sie sicher sein: Was nichts taugt, macht

San Francisco bietet alle Küchen dieser Welt – jeden Tag können Sie in einem anderen Land essen

schnell wieder zu. Geben Sie also auch kleinen Lokalen eine Chance.

Zu den besonderen Regeln in jedem amerikanischen Restaurant gehört es, dass die Gäste sich nicht selbst den Platz aussuchen. Sie bekommen vom Servicepersonal einen Tisch zugeteilt. Trinkgeld ist in den Preisen auf der Speisekarte genauso wenig enthalten wie die Umsatzsteuer. Da Kellner kein oder nur ein geringes Grundgehalt bekommen, sind 15–20 Prozent Trinkgeld *(tip)* auf den Nettorechnungsbetrag angemessen.

COFFEE, BRUNCH & EIS

INSIDER TIPP **AXIS CAFE**
(135 D2) *(ꝏ Q9)*

In Potrero Hill treffen sich hier Kunststudenten, Designer und Dozenten auf einen Caffè Latte und einen Salat. An den Wänden: wechselnde Ausstellungen lokaler Künstler. Ein Kamin wärmt an nebeligen Tagen. Und anders als in vielen Restaurants verscheucht Sie nach dem Essen niemand von der großen, sonnigen und windgeschützten Terrasse.

Gegen Vorlage des Studentenausweises gibt's zehn Prozent Rabatt. *Tgl. | 1201 8th St./Ecke 16th St. | Muni 19 – Polk*

LA BOULANGE (128 B3) ( *N3*)

Mehrmals täglich frische Backwaren, leckere Sandwiches und Salate – hierhin zieht's die Bewohner des Russian Hill an sonnigen Tagen. *Tgl. | 2310 Polk St. | Muni 19 – Polk*

einen Steinwurf von der Cannery entfernt. Hier gibt's den besten *chai tea Latte* der Stadt, Bagel-Spezialitäten und *iced coffee*. Fotografen und Maler präsentieren im Wechsel ihre Werke. *Tgl. | 1331 Columbus Ave. | Muni F – Market*

THE CRÊPE HOUSE ● (128 B3) (*N4*)

Bei riesigen Portionen feiner Omeletts, köstlichen Crêpes und Waffeln ist dies ein

Guter Kaffee und oft auch Livemusik im legendären Künstlertreff: Caffe Trieste

INSIDER TIPP ▶ CAFFE TRIESTE (128 C2) (*P3*)

In diesem Café in North Beach atmen Sie Geschichte: An den Wänden hängen Fotos von Schriftstellern, die hier über den Sinn des Lebens philosophierten. Kerouac, Ginsberg, Snyder – viele Helden der Beat-Generation saßen schon in dem ehrwürdigen Kaffeehaus. *Tgl. | 609 Vallejo St. | Muni 45 – Union/Stockton*

INSIDER TIPP ▶ COFFEE ADVENTURES (128 B1) (*N2*)

Bob und Nicole Beggs erfüllten sich den Traum eines eigenen kleinen Cafés – nur

herrlicher Platz, um die Einheimischen zu beobachten. An klaren Tagen lacht morgens die Sonne über den Tischen auf Bürgersteig und Straße – dafür mussten einige Parkplätze dran glauben. *Tgl. | 1755 Polk St. | Muni 19 – Polk*

HUMPHRY SLOCOMBE ICE CREAM ○ (134 C4) (*O11*)

Häufig stehen lange Schlangen vor dieser Eisdiele mit Bio-Eis. Rund ein Dutzend aus 82 krassen Sorten gibt's täglich frisch, darunter *Jesus Juice, Butter Beer* und *Guinness Gingerbread. Tgl. | 2790 Harrison St. | Muni 27 – Bryant*

MARIO'S BOHEMIAN CIGAR STORE AND CAFE (128 C2) (🛒 P3)

Das kleine, gemütliche Eckcafé gleich am Washington Square Park ist immer gut besucht. Probieren Sie die gegrillten Focaccia-Sandwiches. *Tgl.* | *566 Columbus Ave.* | *Muni 30 – Stockton*

INSIDER TIPP ▶ RED'S JAVA HOUSE ☀ (129 E4) (🛒 S5)

In diesem seit 1923 geöffneten Stück Zeitgeschichte, wo sich einst Hafenarbeiter aufwärmten, gibt's weit mehr als nur Kaffee: Banker und Giants-Fans schätzen günstige Hamburger und Fish & Chips mit Blick auf die Bucht, an schönen Tagen unter freiem Himmel. *Tgl.* | *Pier 30* | *Muni N – Judah*

ST. FRANCIS FOUNTAIN (129 E4) (🛒 P11)

Der vielleicht älteste *diner* der Stadt ist seit 1918 im Geschäft: Wohlfühl-Frühstück *(chocolate chip pancakes!)*, tolle Eiskreationen sowie wunderbare Milchshakes. Und: ein Tresen voller Süßigkeiten. *Tgl.* | *2801 24th St.* | *Muni 27 – Bryant*

INSIDER TIPP ▶ SWENSEN'S ICE CREAM ● (128 B2) (🛒 N3)

1948 eröffnete Earle Swensen diese Eisdiele und landete damit einen weltweiten Hit bis nach Asien und den Mittleren Osten. Mutige Zeitgenossen wagen sich an die Sorten *Bubblegum* und *Wild at Heart*, Genießer wählen *Wild Mountain Blackberry* und *Turkish Coffee*. Nur drei Blöcke von der Lombard St. entfernt. *Tgl.* | *1999 Hyde St.* | *Tel. 7 75 68 18* | *Cable Car PH – Powell Hyde*

RESTAURANTS €€€

ACQUERELLO (128 B4) (🛒 N4)

Suzette Gresham-Tognetti kredenzt ausgefallene Pasta- und Fischspezialitäten, Giancarlo Paterlini kümmert sich um die perfekt passenden Weine. In einer ehemaligen Kapelle lesen Ihnen die Kellner jeden Wunsch von den Augen ab, sind

---

dabei aber nie aufdringlich oder unnahbar. *So/Mo geschl. | 1722 Sacramento St. | Tel. 5 67 54 32 | Muni 1 – California*

BIX ★ (129 D3) (⌖ P4)

Edel und cool zugleich: Mit Art-déco-Ambiente und Live-Jazz ein verstecktes, romantisches Kleinod mitten im Finanzviertel der Stadt. Fein machen! Das Lokal wirkt fast wie ein Speisesaal eines Kreuzfahrtschiffs aus dieser Zeit. Reservieren!

Tgl. ab 17.30, freitags ab 11.30 Uhr | 56 Gold St. | Tel. 4 33 63 00 | Muni 10 – Townsend

BLOWFISH SUSHI ★ (134 C2) (⌖ P10)

Ein cooles Japan zeigt sich zwischen den tiefroten Wänden mit der Ausstellung von Manga-Cartoons. Sushi-Chef Ritsuo Tsuchida ist der Erste in San Francisco, dem die Gesundheitsbehörde gestattete,

GOURMETTEMPEL

Fleur de Lys (128 C4) (⌖ O5)

Starkoch Hubert Keller hat viel zu tun: In Las Vegas eröffnete er zwei weitere Restaurants, im TV verrät er die Geheimnisse seiner fabelhaften Küche. Ab $72. *Mittags und So geschl. | 777 Sutter St. | Tel. 6 73 77 79 | Cable Car C – California*

Gary Danko ★ (128 B1) (⌖ N2)

Wer es ruhig und romantisch mag, sollte sich von Gary Danko verwöhnen lassen. Dankos Restaurant bietet feinste französische Küche und gilt als das beste der Stadt. Ab $68. *Mittags geschl. | 800 North Point St. | Tel. 7 49 20 60 | Muni Cable Car PH – Powell & Hyde*

Masa's (128 C4) (⌖ P5)

Das Restaurant ist eines der besten französischen mit kalifornischem Einschlag. Besonders großartig das Wildgeflügel. Alte französische und kalifornische Weine – nur im Napa Valley finden Sie eine noch bessere Auswahl. Jackett notwendig, Krawatte optional. Lange vorab reservieren! Ab $95. *Mittags, So/Mo geschl. | 648 Bush St. | Tel. 9 89 71 54 | Cable Car PH – Powell & Hyde*

Michael Mina (129 D3) (⌖ Q4)

Der in Ägypten geborene Starkoch betreibt in den USA inzwischen 18 Restaurants, vier davon in San Francisco. Mit dem schlicht Michael Mina genannten zog er zurück an seine erste Wirkungsstätte: in die Räumlichkeiten des ehemaligen Aqua. Hier wählen Sie entweder das *chef's tasting menu* ($115) oder stellen sich Ihr Essen selbst zusammen. Tipp: der *Maine lobster pot pie* (Marktpreis). *Tgl. | 252 California St. | Tel. 397-9222 | Cable Car C – California*

One Market (129 E3) (⌖ R4)

Etwas unter dem Radar vieler Gourmets bewegt sich dieses Restaurant, dessen Chefkoch Mark Dommen lokale Produkte mit französischer Kochschule mixt – was er im *Fleur de Lys* von seinem Mentor Hubert Keller lernte. Ab $85 erleben Sie ein Sechs-Gänge-Menü am *chef's table* mit persönlicher Betreuung im Rahmen einer „Hinter den Kulissen"-Tour durch die Küche. Vorzügliche Steak- und Fischgerichte sowie eine vielfältige Weinkarte. *Tgl. | 1 Market St. | Tel. 7 77 55 77 | Muni F – Market*

Kuleto's: für alle Gourmetfans eine Institution nahe dem Union Square

den namensgebenden *blowfish* zu servieren. An der Sushi-Bar kann man beim kunstvollen Zubereiten der Speisen zusehen. *Sa/So mittags geschl. | 2170 Bryant St. | Tel. 2 85 38 48 | Muni 27 – Bryant*

GREENS ⭐ 🌿 (112 A1) (📖 M2)
Eine der besten Adressen für fleischlose Küche. Das Lokal im Fort Mason liegt auf einem Anleger, der in die San Francisco Bay ragt. Mit Blick auf die Golden Gate Bridge und das schillernde Rot des Sonnenuntergangs schmecken Wasserkressesalat und gegrilltes Gemüse noch einmal so gut. *Mo mittags, So abends geschl. | Fort Mason, Gebäude A | Tel. 7 71 62 22 | Muni 30 – Stockton*

HOUSE OF PRIME RIB ⭐
(128 B3) (📖 N4)
Im wohl besten Steakhaus der Stadt wird das 21 Tage lang luftgetrocknete Fleisch nach Ihren Wünschen am Tisch zugeschnitten. Probieren Sie den *english cut* und *creamed spinach*. Großzügige Cocktails, aber: unbedingt reservieren!

Mittags geschl. | 1906 Van Ness Ave. | Tel. 8 85 46 05 | Muni 1 – California

KULETO'S (128 C4) (📖 P5)
Marmorfußboden, hohe Decke und eine *Brunswick Bar,* die Ende des 19. Jhs. per Segelschiff aus England hierher transportiert wurde – ein altenglisches Ambiente, doch serviert wird eine abwechslungsreiche italo-kalifornische Küche. *Tgl. | 221 Powell St. | Tel. 3 97 77 20 | Cable Car – Powell & Hyde, Powell & Mason*

RESTAURANTS €€

1300 ON FILLMORE ⭐
(127 E5) (📖 M6)
Ein moderner Supper-Club mit schicker Atmosphäre: Chefkoch David Lawrence mischt seine englische Herkunft mit Jamaika, Frankreich und den Südstaaten. Probieren Sie *catfish* und *cornbread*. Freitagabends Live-Jazz, sonntags um 11 und 13 Uhr famoser Gospel-Brunch. *Tgl. | 1300 Fillmore St. | Tel. 7 71 71 00 | Muni 38 – Geary*

RESTAURANTS €€

ALEGRÍAS (128 B2) (𝄢 L3)

Die Gerichte und die Einrichtung – burgunderfarbene Stühle, Stuck und Töpferware – könnten nicht spanischer sein. Besitzer und Chefkoch Faedi González macht viel aus seiner Abstammung, kocht nach Rezepten seiner Mutter und Großmutter. Genau das lieben die Latinos. *Mittags geschl.* | *2018 Lombard St.* | *Tel. 9 29 88 88* | *Muni 30 – Stockton*

abends, Sa/So ab mittags | *2534 Mission St.* | *Tel. 6 48 76 00* | *Muni 14 – Mission*

INDIAN OVEN (133 E1) (𝄢 M8)

Viel Platz gibt es nicht in dem beliebten indischen Restaurant in Lower Haight. Immer ein Volltreffer ist das in Joghurt und Gewürzen marinierte *Tandoori*-Hühnchen, das im Tonofen gebacken wird. *Tgl.* | *233 Fillmore St.* | *Tel.*

Köche wie Gäste haben im Swan Oyster Depot die frische Zubereitung immer im Blick

FRESCA (127 E4) (𝄢 L5)

Julio Calvo-Perez und seine Frau Zoila kommen direkt aus Lima und servieren hier von seiner Großmutter inspirierte peruanische Gerichte. Bestellen Sie den *lomo saltado* (geschnetzeltes Rindfleisch) oder *ceviche mixto* (marinierte Meeresfrüchte), dazu eine Karaffe Sangria. *Tgl.* | *2114 Fillmore St.* | *Tel. 4 47 26 68* | *Muni 1 – California*

FOREIGN CINEMA (134 B4) (𝄢 N10)

Der Name ist Programm: Im Innenhof können Sie sich zu Klassikern und aktuellen Independent-Filmen an der mediterran-kalifornischen Küche von Gayle Pirie und ihrem Mann John erfreuen. *Tgl.*

6 26 16 28 | *Muni 5 – Fulton, 71 – Haight/Noriega*

JOHN'S GRILL (128 C4–5) (𝄢 P6)

Für Anhänger von Dashiell Hammett und dessen Krimihelden Sam Spade ist das Lokal von 1908, das der Autor in den 1920ern frequentierte, ein Muss. Glasleuchter, Holz, Leder – alles ist so erhalten, wie Hammett/Spade es damals vorfand. *Tgl.* | *63 Ellis St.* | *Tel. 9 86 00 69* | *Cable Car PH – Powell & Hyde, PM – Powell & Mason*

NEW ASIA ● (128 C3) (𝄢 P4)

Authentischer geht es nicht mehr: Im kavernenartigen New Asia futtern nicht nur chinesische Großfamilien Dim-Sum-Leckereien. *Tgl. | 772 Pacific Ave. | Tel. 3 91 66 66 | Muni 30 – Stockton*

NOPA ⭐ ⏱ (127 E6) (*m L7*)

Hier treffen sich Köche und andere Restaurantangestellte der Stadt nach Dienstschluss – denn die Küche serviert noch bis ins Uhr früh immer neue Biokost-Kreationen. Lecker! *Tgl. | 560 Divisadero St. | Tel. 8 64 86 43 | Muni 21 – Hayes*

THE POT STICKER (128 C3) (*m P4*)

Warum Touristenfallen in Chinatown besuchen, wenn es Restaurants wie dieses gibt? Probieren Sie als Vorspeise Pfannkuchen und die traditionellen *pot sticker,* mit Fleisch oder Gemüse gefüllte chinesische Maultaschen. *Tgl. | 150 Waverly Place | Tel. 3 97 99 85 | Muni 1 – California*

SPORK (134 B4) (*m N10*)

Spork: eine Kreuzung aus Löffel und Gabel, Standardbesteck der Fast-Food-Kette Kentucky Fried Chicken, die hier zuletzt ihre Hühnchenteile verkaufte. Heute gibt's im etwas aufgepeppten Diner neue amerikanische Küche – unbedingt das Rosmarinbrot probieren. *Tgl. | 1058 Valencia St. | Tel. 6 43 50 00 | Muni 14 – Mission*

SWAN OYSTER DEPOT
(128 B4) (*m N5*)

Austern, Krabben-Chowder und geräucherter Lachs: Das Swan Oyster Depot bietet **INSIDER TIPP** alle Fischspezialitäten von San Francisco – fangfrisch und zu fairen Preisen. Erwarten Sie keinen Luxus, gegessen wird am rustikalen Tresen. Mittags ist es rappelvoll. Eine einmalige Erfahrung für Fischliebhaber! *So geschl. | 1517 Polk St. | Tel. 6 73 11 01 | Muni 1 – California*

TADICH GRILL (129 D3) (*m Q4*)

Wer das älteste Restaurant Kaliforniens betritt, fühlt sich in einen gediegenen Film noir zurückversetzt. Ausgezeichnete Fischgerichte, probieren Sie den Cioppino-Eintopf. Keine Reservierungen. *So geschl. | 240 California St. | Tel. 3 911 8 49 | Muni Cable Car C – California*

INSIDER TIPP THAI SPICE
(128 B3) (*m N4*)

Ein entspanntes thailändisches Restaurant ohne dröhnende Musik und schummrige Beleuchtung – welche Wohltat. Wir empfehlen als Vorspeise

LOW BUDG€T

▶ *Phat Philly* ⏱ (134 B4) (*m N11*): Warum nach Philadelphia reisen, wenn man in San Francisco eine Auswahl von 15 *Philly Cheesesteaks* hat? Täglich frisches, nie gefrorenes Rindfleisch aus natürlicher Zucht. Nehmen Sie das *California Cheesesteak*! *Tgl. | 3388 24th St. | Muni 14 – Mission*

▶ Ein Dutzend Dim-Sum-Köstlichkeiten selbst nach Mitternacht? In der *Dim Sum Bar* (128 B4) (*m O5*) gibt's das chinesische Mittagsmahl den ganzen Tag lang – und dazu preisgünstig. *Tgl. | 620 O'Farrell St. | Muni 38 – Geary*

▶ *Big Nate's BBQ* (134 B2) (*m O8*): Hier grillt Chef Nate Thurmond, früherer Basketballstar der Golden State Warriors, persönlich. Riesige Portionen, das Fleisch zergeht auf der Zunge. *Tgl. | 1665 Folsom St. | Muni 12 – Folsom/Pacific*

SPEZIALITÄTEN

▶ **baked potato** – Gebackene Kartoffel, oft mit Kräutersauerrahm verfeinert

▶ **burrito** – Bohnen, Reis, Hühnchen oder Fleisch in eine Tortilla gewickelt. Die Deluxe-Version wird mit Avocado, Sauerrahm und Käse kredenzt. Inzwischen gibt's sogar in New York *burritos* San Francisco style (Foto li.).

▶ **chowder** – Cremige Suppe; insbesondere die *clam chowder* (Muschelsuppe) gehört zu den Spezialitäten der Stadt

▶ **crabs** – Krebse, vor allem an Fisherman's Wharf und am Ghirardelli Square werden die köstlichen fangfrischen Taschenkrebse verkauft.

▶ **crab cakes** – Lassen Sie sich nicht vom Namen verwirren: Dieses „Krebsküchlein" ist ungefähr so groß wie eine Frikadelle und besteht aus gehacktem Krebsfleisch, Zwiebeln, Chilis, Kräutern und Semmelbröseln.

▶ **dim sum** – Gefüllte Teigtäschchen, jedes Dim Sum ist mit einer anderen Mischung gefüllt: von Krabben, Gemüse oder Fleisch bis hin zu exotischen Füllungen

▶ **eggs sunny side up with bacon and hash browns** – Frühstücksklassiker: Spiegeleier mit durchwachsenem Speck und geraspelten Bratkartoffeln

▶ **hangtown fry** – Das Gericht stammt aus der Zeit des Goldrauschs: üppiges Omelett mit Austern und Speck

▶ **pumpkin pie** – Kürbiskuchen. Im Sommer und Herbst finden Sie in jedem Lebensmittelgeschäft riesige Kürbisse, grüne, gelbe, sogar wild gestreifte. Kein Wunder, dass der *pumpkin pie* zu den Lieblingsgerichten der San Franciscans gehört (Foto re.).

▶ **roast turkey** – Gebratener Truthahn mit Kartoffelbrei und Süßkartoffeln: das klassische Menü zu Thanksgiving

▶ **sourdough bread** – Knuspriges, helles Sauerteigbrot. Isidore Boudin eröffnete 1849 seine Bäckerei. 150 Jahre später ist das *San Francisco sourdough bread* überall in den USA bekannt

tom ka, gefolgt von *green* oder *pumpkin yellow curry,* zum Nachtisch *sweet sticky rice with mango.* Bester *thai ice tea* der Stadt. *Tgl. | 1730 Polk St. | Tel. 7 75 47 77 | Muni 1 – California*

YANK SING (129 D4) (*𝄞 R4*)
Nicht in Chinatown, sondern hier in Downtown erhalten Sie die besten Dim Sum der ganzen Stadt. *Tgl. | 101 Spear St. | Tel. 9 57 93 00 | Muni F – Market*

ZUNI CAFÉ ⭐ (133 F2) (📖 N7)

In Judy Rodgers angesagtem Café treffen sich Künstler, Politiker, echte und Möchtegern-Berühmtheiten. Die Gerichte wechseln täglich, die Weinauswahl ist hochwertig, die Atmosphäre geschäftig, aber gemütlich. *Mo geschl.* | *1658 Market St.* | *Tel. 5 52 25 22* | *Muni F – Market*

RESTAURANTS €

INSIDER TIPP ▶ BALADIE GOURMET CAFE (129 D4) (📖 P5)

Mitten im Financial District bereiten Mike und Nick Bazlamit sensationell günstig-gigantische arabische Schawarma- und griechische Gyros-Sandwiches zu, gefüllt mit Hühner-, Lamm- und Rindfleisch, Hummus und Tsatsiki. Auch köstliche frische Salate. *So geschl.* | *337 Kearny St.* | *Tel. 9 89 66 29* | *Muni F – Market*

CAFE CHAAT (129 D5) (📖 Q6)

Die Portionen in diesem indisch-pakistanischen Restaurant sind so groß, dass einem Hören und Sehen vergeht. Ordern Sie davor rasch einen *chicken tikka masala wrap.* *Tgl.* | *320 3rd St.* | *Tel. 9 79 99 46* | *Muni 30 – Stockton*

CALZONE'S (128 C2–3) (📖 P3)

Pizza, Pasta und Salate, die Sie in quirliger Atmosphäre und mit herrlicher Aussicht auf das bunte Treiben von North Beach verspeisen dürfen – bei schönem Wetter auch an Tischen vor dem Restaurant. *Tgl.* | *430 Columbus Ave.* | *Tel. 3 97 36 00* | *Muni 30 – Stockton*

CONNECTICUT YANKEE (135 D2–3) (📖 Q9)

Seit 1907 eine ultragemütliche Kneipe – heute von zwei Fans der Boston Red Sox geführt. Mit Baseball-Goodies an den Wänden und Fernsehern, auf denen auch schon mal ein Fußballspiel in voller Länge läuft. Sonniger Biergarten im Innenhof. Unbedingt sollten Sie die zuckerüberzogenen *fries* mit *garlic sauce* probieren. *Tgl.* | *100 Connecticut St.* | *Tel. 5 52 44 40* | *Muni 10 – Townsend*

Neuer Weg zur Resozialisierung: Delancey Street Restaurant

DELANCEY STREET RESTAURANT 🌿 ♻ (129 E5) (📖 R6)

Breites Spektrum gut zubereiteter amerikanischer Küche und Blick auf die Bucht. Das Lokal wird von der *Delancey Street Foundation* geführt, die damit ehemaligen Häftlingen den Start in ein neues Leben ermöglicht. *Tgl.* | *600 Embarcadero St.* | *Tel. 5 12 51 79* | *Muni N – Judah*

INSIDER TIPP ▶ GRUBSTAKE (128 B4) (📖 N5)

Only in San Francisco: In einem gut 90 Jahre alten Bahnwaggon serviert Familie Santos gute Burger, Steaks und portugiesische Spezialitäten. *Mo–Fr mittags geschl.* | *1525 Pine St.* | *Tel. 6 73 82 68* | *Muni 19 – Polk*

IN-N-OUT BURGER ★ ☺
(128 B1) (*m N2*)

Das kalifornische Familienunternehmen ist älter als McDonald's und errichtete seit 1948 genau 258 Filialen in drei US-Bundesstaaten. Sie erhalten hier nur Hamburger, *French fries* und Milchshakes, doch die werden allesamt täglich vor Ort aus frischen Zutaten zubereitet – es gibt weder Gefrierschränke noch Mikrowellen. Man schmeckt's. *Tgl. bis 1 Uhr | 333 Jefferson St. | Muni F – Market*

JOHN'S SNACK AND DELI
(129 D4) (*m Q5*)

John Park und seine Mutter Sang Sook Park verpassen Gerichten aller Länder koreanisches Flair, bieten aber auch Landesübliches wie *bi bim bop* – lecker! *Sa/So geschl. | 40 Battery St. | Tel. 4 34 46 34 | Muni F – Market*

INSIDER TIPP ▶ KING LING
(128 B4) (*m O5*)

Ein sympathisch-entspanntes Ehepaar führt dieses Mini-Chinarestaurant in Downtown. Unschlagbares, wohlschmeckendes Mittagsspecial: *sweet & sour soup* und ein Hauptgericht für $ 5,75. Ausgezeichnet auch das *sesame chicken* und *crispy beef. So geschl. | 643 Geary St. | Tel. 5 67 18 88 | Muni 38 – Geary*

INSIDER TIPP ▶ KITCHENETTE
(135 E3) (*m S10*)

„Spontane Undercover-Bio-Nahrung" nennen die Köche ihre frisch zubereiteten Sandwiches, die sie aus einer Garageneinfahrt im Dogpatch-Bezirk verkaufen. Alle haben früher in den besten Restaurants der Stadt gekocht – das schmeckt man. Das täglich neue Angebot gibt's auf ihrer Website *(www.twitter.com/kitchenettesf)* zu lesen. Rechtzeitig erscheinen! *Mo–Fr 11.30–13.30 Uhr oder bis alles verkauft ist | 958 Illinois St. | Muni T – Third*

MAMA'S (128 C2) (*m P3*)

Mögen die Schlangen noch so lang sein – bei köstlichen Omeletts und *French toast* treffen Sie jede Menge Einheimische. *Di–So 8–15 Uhr | 1701 Stockton St. | Tel. 3 62 64 21 | Muni 30 – Stockton*

MEL'S DRIVE-IN (126 A5) (*m L3*)

Wer in San Francisco einen „ehrlichen Burger" in klassischem Ambiente essen will, geht am besten zu Mel's Drive-in. Lindgrüne Ledersitze und einfache Tische mit viel Chrom vermitteln ein 1960er-Jahre-Gefühl. Von den vier Filialen ist vor allem die auf der Lombard Street besonders empfehlenswert. *Tgl. 6–1 Uhr, Sa/So 24 Std. 2165 Lombard St. | Tel. 9 21 28 67 | Muni 76 – Marin Headlands*

STREET-FOOD RUND UM DIE UHR

Mobile Köche versorgen die Stadt: Los ging es mit der *Tamale Lady,* die mit ihrer Kühlbox voller selbst gemachter Spezialitäten in den Bars des Mission District frenetisch empfangen wurde. Dann kamen Profi- und Amateurköche, das Internet und die Rezession dazu. Heute sind mehrere Dutzend *food carts* und *pop-up-Restaurants* in San Francisco unterwegs. Falls mobil, geben sie den aktuellen Standort per Twitter *(www.twitter.com)* oder Web bekannt. Zu den besten zählen *Ken Ken Ramen (@KenKenRamen,* japanisch*), Liba Falafel (@libafalafel,* mediterran*), Spencer on the Go (@chezspencergo,* französisch*), Da Beef (www.dabeef.com,* Chicagohotdogs*)* und *Little Skillet (www.littleskilletsf.com,* Southern Food*).*

Mel's Drive-in war Schauplatz des Filmklassikers „American Graffiti"

OSHA THAI (133 E1) ( O5)

Wohin, wenn um zwei Uhr früh die Bars schließen? Zum ersten der heute sieben Osha Thais der Stadt, Fr/Sa bis drei Uhr geöffnet: schnell, schmackhaft, scharf. *Tgl.* | *696 Geary St.* | *Tel. 6 73 23 68* | *Muni 38 – Geary*

PANCHO VILLA (134 B2) ( N9)

Im mexikanischen Mission-Viertel findet man an jeder Ecke eine andere *taquería*. Was kann günstiger und zugleich sättigender sein als ein *burrito* mit Reis, Gemüse und Fleisch? Für die besten und größten *burritos*, *quesadillas* oder *tacos* begibt man sich am besten hierher. *Tgl.* | *3071 16th St.* | *Tel. 8 64 88 40* | *Muni 14 – Mission*

PLUTO'S ⭐ (127 D2) ( K3)

Wer hier zögert, hat verloren: Im Pluto's bauen die Köche rasend schnell einen Salat nach Ihren Wünschen aus knapp zwei Dutzend Zutaten – leckere Steakstreifen inklusive. Ihr Slogan lautet: „Fresh food for a hungry universe". *Tgl.* | *3258 Scott St.* | *Tel. 7 75 88 67* | *Muni 30 – Stockton*

INSIDER TIPP ▶ SAIGON SANDWICHES (128 B5) ( O6)

Im Stadtviertel Little Saigon schlägt das Herz der Vietnamesen. Dass es hier die besten *banh mi* (vietnamesische Sandwiches) der Stadt gibt, mag man bei einem Blick in den schummerigen Laden kaum glauben. Doch zwei freundliche Damen servieren hier für $ 3 herrlich scharfe Speisen. Unser Favorit: *pork meatball*. Keine Kreditkarten. *Tgl.* | *560 Larkin Street* | *Tel. 474 56 98* | *Muni 19 – Polk*

INSIDER TIPP ▶ SALLY'S (135 D2) ( Q9)

Die ABC- und SMS-Omeletts des stets gut gelaunten Inhabers Stuart Bai sind ein Traum, der *blueberry-banana-smoothie* strotzt vor Vitaminen. *Tgl.* | *300 De Haro St.* | *Tel. 6 26 60 06* | *Muni 19 – Polk*

EINKAUFEN

San Francisco ist zugleich mehr eine Stadt der kleinen und großen Geschäfte denn eine Stadt der Kaufhäuser, obwohl es etliche luxuriöse Warenhäuser gibt, denn viele Designer aus Mailand und Paris haben Filialen in der Stadt.

Andererseits sind die Prêt-à-porter-Moden Europas stilprägend. Deshalb lässt sich viel Elegantes und Schickes auch aus US-Produktion finden. Während sich Edelmarken aus dem In- und Ausland um den Union Square gruppieren, finden Sie Souvenirs und T-Shirts in Chinatown am billigsten.

Shopping ist Lebensart für die Amerikaner und damit mehr als bloßes Einkaufen. Das gilt in ganz besonderem Maße für die San Franciscans. Vielleicht kennen Sie jene gelangweilte Miene, mit der man in vielen europäischen Läden beim Einkauf bedacht wird. Oder die Art, wie Lebensmittel an der Kasse lieblos übers Fließband purzeln.

Nichts von all dieser Unhöflichkeit und diesem Desinteresse gibt es in San Francisco. Denn dort wird ein Kunde als das behandelt, was er eigentlich auch sein sollte: als König – und nicht nur an den Kassen der Lebensmittelgeschäfte packt man die Ware gleich in Tüten für Sie ein.

Doch vergessen Sie bei aller Shoppingfreude die Mehrwertsteuer nicht (zzt. 9,5 Prozent), die stets zum ausgezeichneten Preis dazukommt. Und fragen Sie vorsichtshalber nach, ob das neue Elektrospielzeug auch in Deutschland funktioniert.

Bild: Mitten in Chinatowm

Auf der Suche nach den Modetrends von gestern, heute oder morgen? Hier werden Sie fündig!

CITY WOHIN ZUERST?
Das **Westfield Centre** an der Market Street **(126 C5)** *(⫿ P6)* ist das Shoppingmekka schlechthin; mit über 150 Läden, Cafés, Restaurants und Kino. Günstige Verkehrsanbindung: Fast alle Muni-Straßenbahnen, Bart-Schnellbahnen des Stadtgebiets, zahlreiche Busse und die Cable Cars PH/PM Powell & Hyde/Mason halten nur wenige Meter entfernt.

Die allermeisten Geschäfte sind täglich geöffnet, manche *drugstores* und Supermärkte sogar 24 Stunden am Tag. In den großen *department stores,* mittelgroßen und kleinen Boutiquen können Sie meist von 10 bis 20 Uhr einkaufen.

ANTIQUITÄTEN

ANTONIO'S ANTIQUES
(129 D6) *(⫿ Q7)*
Hier bekommen Sie Antiquitäten aus aller Welt. *701 Bryant St. | Muni 27 – Bryant*

ARIA ANTIQUES (128 C2) (🗺 P3)

In Bill Haskells Mischung aus Galerie und Museum finden Sie Glasaugen, anatomische Modelle, Holzspielzeug, alte Landkarten, Globen, Briefe und Radierungen. *1522 Grant Ave. | Muni 30 – Stockton*

INSIDER TIPP ▶ GREEN APPLE BOOKS (126 B5) (🗺 G6)

Riesige Auswahl neuer und gebrauchter Bücher. Das entspannte Ambiente lädt zum stundenlangen Stöbern ein. *506 Clement St. | Muni 1 – California*

City Lights Bookstore: zugleich Buchhandlung und weltbekannter Literatentreff

BÜCHER & LANDKARTEN

CITY LIGHTS BOOKSTORE ★
(128 C3) (🗺 P4)

Die Buchhandlung des Autors und unabhängigen Verlegers Lawrence Ferlinghetti ist legendär. Eine einzigartige Auswahl an klassischen und philosophischen Werken, Poesie und englischsprachigen Ausgaben Dritter-Welt-Literatur. Auch Lesungen neuer Autoren und Literaturevents. Der 1919 geborene Ferlinghetti liest hier auch mit über 90 noch Gedichte vor. *261 Columbus Ave. | www.citylights.com | Muni 30 – Stockton*

SIERRA CLUB BOOKSTORE
(129 D4) (🗺 Q5)

Für Reisende und Wanderer alle Infos über die Umgebung von San Francisco, den Grand Canyon und die diversen Naturparks. *85 2nd St. | Muni 14 – Mission*

BÜROBEDARF

PATRICK & COMPANY
(129 D4) (🗺 O7)

Nach der Schließung von *Waldeck's* ist dieser Laden einer der wenigen unabhängigen Bürobedarfhändler – und das seit 1873! Von der Heftzwecke bis zum Designerstuhl, vom Bleistift bis zur Edelfeder – hier bleibt kein Wunsch offen. *560 Market St. | Muni F – Market*

COMPUTER

APPLE STORE (128 C4) (*Ω P5*)

Sie können hier nicht nur die neuesten Macs und iPods bewundern, sondern auch Workshops belegen und kostenlos E-Mails abrufen. *Stockton St. | Muni F – Market*

BEST BUY (134 C2) (*Ω O8*)

Audio-, Video-, Handy- und PC-Zubehör, CDs und DVDs, Software, PC- und Video-spiele und vieles mehr. *1717 Harrison St. | Muni 47 – Van Ness*

CENTRAL COMPUTER SYSTEMS
(128 C5) (*Ω P6*)

PCs, Laptops, Einzelteile – der nach Lötzinn riechende Shop hat die besten Preise. *837 Howard St. | Muni 30 – Stockton*

DRUGSTORE

WALGREENS ⭐ (129 D4) (*Ω N7*)

Nach dem Aus von *RiteAid* dominiert Walgreens mit über 70 Läden das Geschäft mit Kosmetika von der Seife bis zum Parfüm, Medikamenten und Getränken. Teilweise auch Alkoholika. *730 Market St. | Muni F – Market*

GESCHENKE & SOUVENIRS

CHINATOWN KITE SHOP
(128 C3) (*Ω P4*)

Was gibt es Schöneres, als am Ocean Beach oder auf dem Crissy Field einen Drachen steigen zu lassen? Die beste Auswahl konventioneller und asiatischer Drachen bekommen Sie hier. *717 Grant St. | Muni 1 – California*

INSIDER TIPP ▶ NATIONAL PARK STORE AT PIER 39 (128 C1) (*Ω N2*)

Souvenirs, über die sich Freunde und Familienmitglieder wirklich freuen: Taschen und Tassen mit Motiven der Zeichner Paul Madonna und Michael Schwab, geschmackvolle Drucke, Bücher und Alcatraz-Devotionalien. *Pier 39 | Muni F – Market*

GESUNDHEIT & KOSMETIK

BOBBI BROWN COSMETICS AT BLOOMINGDALE'S (128 C5) (*Ω P6*)

Statt auf den künstlichen Look vieler Make-ups setzt die New Yorkerin Bobbi

MARCO POLO HIGHLIGHTS

⭐ **City Lights Bookstore**
Die Kombination aus Buchladen und Verlag veröffentlichte 1956 Allen Ginsbergs Gedicht „Howl"
→ S. 74

⭐ **Walgreens**
Amerikanischer *drugstore* mit guten Preisen → S. 75

⭐ **Neiman-Marcus**
Schwelgen im Luxus der Warenwelt → S. 76

⭐ **Pier 39**
Quirlige Hafenecke, Shopping, Restaurants und Seelöwen inklusive → S. 77

⭐ **Westfield Centre**
Das Einkaufsepizentrum: Mode und Essen in allen Preislagen
→ S. 77

⭐ **Original Levi's Store**
Der Stammsitz der Levi's Jeans
→ S. 79

Brown auf natürliches Aussehen. Der Erfolg der noch heute von ihr streng kontrollierten Kosmetikserie gibt ihr recht. Unaufdringliche Verkäuferinnen. *845 Market St. | Muni F – Market*

GENERAL NUTRITION CENTER
(128 C4) (ffff Q5)

Walhalla für Gesundheitsbewusste: 2000 verschiedene Vitamine, Kräutermischungen, Sportnahrung und Diätpillen. *576 Market St. | Muni F – Market*

LOW BUDG€T

▶ Wer sich dem Chaos von *Ross Dress for Less* **(128 C5)** *(ffff P5)* erfolgreich stellt, wird mit echten Tiefpreisschnäppchen belohnt – das Geschäft bietet Marken wie Calvin Klein, Polo und Hilfiger zu Dumpingpreisen. *799 Market St. | Muni F – Market*

▶ Bei *DSW Shoe Warehouse* **(128 C4)** *(ffff P5)* gibt's Designerschuhe zu kleinen Preisen – sowohl für Männer als auch Frauen. Die Modellvielfalt gleicht die manchmal eingeschränkte Größenauswahl aus. *111 Powell St. | Muni Cable Car PH – Powell & Hyde*

▶ Eine coole Kette für Secondhand-Kleidung ist *Out of the Closet* **(128 B4)** *(ffff N5)*, betrieben von der Aids Healthcare Foundation. *1498 Polk St. | Cable Car C – California*

▶ Aldi kennen Sie? Dann Vorhang auf für die etwas aufgeräumtere Variante *Trader Joe's* **(134 C2)** *(ffff O2)*, ebenfalls in Besitz der Albrecht-Familie. *401 Bay St. | Muni F – Market*

RAINBOW GROCERY ☺
(134 B1) (ffff O8)

Im Rainbow bekommen Sie nur Bioprodukte und Kosmetika. Wer nach gesunden Produkten sucht, findet hier einfach alles. *1745 Folsom St. | Muni 9 – San Bruno*

KAUFHÄUSER

CANTON BAZAAR (128 C3–4) (ffff P4)
Drei Etagen voller Kitsch, Praktischem, Souvenirs und echter orientalischer Kunst im Herzen von Chinatown. *616 Grant Ave. | Muni 1 – California*

MACY'S (128 C4) (ffff P5)
Die hiesige Filiale des berühmten New Yorker Warenhauses, ein siebenstöckiger Inbegriff des Konsumrauschs. Jede Marke besitzt hier einen eigenen Shop. Und falls es sprachlich bei den Fragen nach den neuesten Mode-Raffinessen hapert: Bei Macy's gibt's sogar einen Dolmetscherservice! *170 O'Farrell St. | Muni 30 – Stockton*

NEIMAN-MARCUS ★ (128 C4) (ffff P5)
Das elegante Warenhaus lohnt auch den Besuch ohne Einkauf. Die Rotunde und die glasüberdachte Galerie waren schon vor 100 Jahren die Augenfänger des Vorgängergeschäfts *City of Paris.* Nicht billig, aber der unbestritten beste Service der ganzen Stadt – in allen Abteilungen. *150 Stockton St. | Muni 30 – Stockton*

MALLS

In diesen Malls, oft mit Kinos und Restaurants, gibt es meist ein bis zwei Kaufhäuser sowie unendlich viele Boutiquen.

THE CANNERY (128 B1) (ffff N2)
Einst die größte Pfirsichdosenfabrik der Welt. Wie auch das Anchorage Center

einen Block weiter kämpfen die Läden in der Cannery zäh ums Überleben – immerhin gibt's Bars, Cafés und Livemusik. *2801 Leavenworth St. | Muni F – Market*

CROCKER GALLERIA (128 C4) (*Q5*)
Nach dem Vorbild der Mailänder Galleria Vittorio Emmanuele für den Shopper mit dem gut gefüllten Portemonnaie. *50 Post St. | nahe Union Square | Muni F – Market*

EMBARCADERO CENTER
(129 D3) (*Q4*)
Im Herzen von Downtown mit Kino, über 70 Restaurants und Geschäften sowie Eislaufbahn im Winter. *1 Embarcadero Center | Muni 1 – California*

GHIRARDELLI SQUARE
(128 A1) (*N2*)
Auch die ehemalige Schokoladenfabrik der Familie Ghirardelli ist zu einer Open-Air-Mall mit viel Entertainment gewachsen. *900 North Point St. | Muni 19 – Polk*

JAPAN CENTER (128 A4) (*M5–6*)
Besondere Note: Das Japan Center hält, was der Name verspricht – hier ist alles japanisch, auch das Hotel und das Shiatsu-Massagezentrum. *Ecke Post St./ Buchanan St. | Muni 38 – Geary*

INSIDER TIPP NEW PEOPLE
(127 E4) (*M5*)
Die neueste Attraktion in Japantown ist ein auffällig sauberes, vierstöckiges Einkaufszentrum mit Café, *Anime*-Kino, Kunstgalerie und Shops. Der größte zelebriert hemmungslos mit Musik, Büchern, DVDs und Spielzeug die japanische Pop-Kultur, vier kleinere offerieren Schuhe sowie Gothic-, Lolita- und liebenswerte *Kawaii*-Kleidung. *1746 Post St. | Muni 2 – Clement*

Shoppen auf japanische Art: Einkaufsmall New People

PIER 39 ★ (128 C1) (*O–P1*)
Fischer meiden das touristische Epizentrum des Hafens von San Francisco lieber. Jedoch nicht diejenigen, die wilde Seelöwen, ein Aquarium, ein Karussell, unzählige Boutiquen und Restaurants mögen. Neben den üblichen Kitschläden gibt es hier zahlreiche Restaurants und Cafés. *2 Beach St. | Muni F – Market*

WESTFIELD CENTRE ★ ●
(128 C5) (*P6*)
Über 150 kleine und große Geschäfte, Restaurants und Kinos blasen zum Großangriff auf die Kreditkarte. Eine Glaskup-

Ob Pflanzen oder Obst und Gemüse: alles frisch auf dem Ferry Plaza Farmer's Market

pel und Spiralrolltreppen schmücken den Kommerztempel, in dem Sie von Mode und Kosmetika über Bücher und Technik bis hin zu Lebensmitteln wirklich alles finden. *865 Market St. | Muni F – Market*

MARKT

INSIDER TIPP ▶ FERRY PLAZA FARMER'S MARKET 🕐 (129 D2) (ᴍ *R4*)
Hier gibt es all die regionalen Produkte, die Kaliforniens Küche so großartig machen. Die Köche der besten Restaurants kaufen hier ein, und viele unterhalten Imbissstände, an denen Sie sich schon mal auf die in den Restaurants gebotenen Hochgenüsse einstimmen können. *Sa 8–14, Di/Do 10–14 Uhr, saisonal auch zu anderen Zeiten | One Ferry Building | Muni F – Market*

HEART OF THE CITY FARMER'S MARKET ● 🕐 (128 B5) (ᴍ *O7*)
Nicht so malerisch gelegen wie der Farmers Market am Ferry Building, dafür deutlich günstigere Obst- und Gemüsepreise bei einer nicht weniger großen Auswahl. *Mi 7–17, So 8–17 Uhr | 1182 Market St. | Muni F – Market*

MODE & ACCESSOIRES

ABERCROMBIE & FITCH (128 C5) (ᴍ *P6*)
Aus dem 1892 in New York gegründeten Geschäft für Wanderkleidung wurde eine der angesagtesten Modeketten, in deren Läden sich 15- bis 35-Jährige um coolsportliche Jeans, Sweatshirts, Collegejacken und Röcke balgen. *865 Market St. | Muni F – Market*

BANANA REPUBLIC (128 C4) (ᴍ *P5*)
Mode, die locker casual und dennoch bürotauglich ist. Hier finden Sie alles, was man braucht, sei es aus Leinen, zarter Seide oder Jeansstoff. *256 Grant Ave. | Muni 30 – Stockton*

GAP (129 C5) (ᴍ *P6*)
Noch ein Original aus San Francisco: Don Fisher konnte keine Jeans finden, die ihm passten – also eröffnete er mit seiner Frau Doris 1969 seinen eigenen

Laden namens Gap: entspannte Mode für alle Altersgruppen. *890 Market St. | Muni F – Market*

NIKETOWN (128 C4) (*□ P5*)

Der Name sagt's: Hier bekommen Sie alles aus dem Hause Nike, so weit der Geldbeutel reicht. *278 Post St. | Muni 30 – Stockton*

ORIGINAL LEVI'S STORE ★
(128 C4) (*□ P5*)

Gleich gegenüber von Niketown die Antwort von Levi's: ein vierstöckiges Kaufhaus, vollständig gefüllt mit Jeans, erfunden vom Bayern Löb Strauß, der sie in seiner Firma Levi Strauss & Co. 1853 zum ersten Mal für Goldgräber in San Francisco herstellte. *300 Post St. | Muni 30 – Stockton*

REI ⏱ (129 D6) (*□ P8*)

Ein Dorado für Wanderer, Kletterer, Skiläufer, Radfahrer und Camper. 23 Bergsteiger gründeten 1938 den ersten REI, heute ist die Kooperative (im Besitz von Angestellten und Kunden) über 80 Läden stark und ermahnt zum bewussten Umgang mit der Natur. *840 Brennan St. | Muni 27 – Bryant*

INSIDER TIPP TIMBUK2
(128 A6) (*□ N7*)

Teuer, aber gut: Seit 1989 sind Kuriere und Hipster aus San Francisco und der ganzen Welt mit den Taschen von Timbuk2 unterwegs. *506 Hayes St. | Muni 21 – Hayes*

MUSIK

AMOEBA MUSIC (132 C2) (*□ J8*)

Zweiter Ableger des 1990 in Berkeley gegründeten Plattenladens, untergebracht in einer alten Bowlingbahn: neue und gebrauchte CDs, DVDs, Laserdisks und Vinylplatten in unglaublichen Massen, dazu kostenlose Konzerte lokaler Shootingstars von morgen. *1855 Haight St. | Muni 7 – Haight, 71 – Haight-Noriega*

INSIDER TIPP GROOVE MERCHANT RECORDS (133 E1) (*□ J8*)

Hier finden Sie seltene Jazz-, Disko-, Soul, Reggae-, Hip-Hop- und Latin-Scheiben, die es nirgendwo sonst gibt. Die Beastie Boys verewigten den Laden im Song „Professor Booty". *687 Haight | Muni 7 – Haight, 71 – Haight-Noriega*

GUITAR CENTER (128 B4) (*□ N5*)

Ein riesiger Laden mit nahezu allen elektrisch oder elektronisch verstärkten Instrumenten. *1645 Van Ness Ave. | Muni 1 – Californiak*

SPIELE & SPIELZEUG

GAMESCAPE (133 E1) (*□ L8*)

Mehr (Brett-)Spiele, als die Polizei erlaubt. Tägliche Sessions von Table-Top-Titeln wie *Warhammer* und *Magic: The Gathering*. *333 Divisadero | Muni 21 – Hayes*

JEFFREY'S TOYS (129 D4) (*□ Q5*)

Die großen Ketten sind verschwunden, dieser privat geführte Laden lebt weiter: Brettspiele, Handpuppen, Bausätze und auch Comics (!) – ein prächtiges Sortiment. *685 Market Sl. | Muni F – Market*

WEIN

NAPA VALLEY WINERY EXCHANGE
(128 C4) (*□ O5*)

Wenn Sie es nicht nach Napa Valley schaffen: große Auswahl kalifornischer Weine und Champagner. Auch seltene und ungewöhnliche Tropfen. Sie werden hier in tragbaren *airline packs* verstaut. *415 Taylor St. | Muni 38 – Geary*

AM ABEND

CITY **WOHIN ZUERST?**

Einen Strand suchen Sie im Stadtviertel **North Beach (126 C3)** (*O–P 2–3*) zwar vergeblich, doch zwischen Down- und Chinatown brodelt das Nachtleben: Aus Bars erschallt Livemusik, italienische Restaurantbesitzer preisen lautstark ihre Lokale an, und Kunstfans flanieren mit dem Weinglas in der Hand durch Galerien. Der Muni-Bus (*30 – Stockton*) bringt Sie mitten ins Geschehen – das Auto lassen Sie nicht nur wegen etwaiger alkoholischer Getränke stehen: Die Parkplatzsuche ist hier ein aussichtsloses Unterfangen.

Wenn es zwei Städte in Nordamerika gibt, in denen das Nachtleben zur *raison d'être* gehört, dann New York und San Francisco. Die Stadt an der Bay ist um vieles kleiner als *The Big Apple*, bietet aber gleichwohl ein fast genauso breites Programm. Oper, Disko oder Nachtclub – nichts fehlt, alles ist Weltspitze.

Eine aktuelle Übersicht bieten die kostenlosen, in Cafés und Zeitungsautomaten erhältlichen Infoblätter *San Francisco Weekly* und *San Francisco Bay Guardian*, online zu lesen unter *www.sfgate.com* und *www.sfstation.com*

In vielen Bars, Clubs und Restaurants wird auf die Kleidung geachtet – packen Sie deshalb ein gutes Hemd, eventuell ein Jackett und dunkle Schuhe mit in den Koffer.

Bild: Kinoerlebnis im Castro Theatre

Heiße Clubs und coole Bars:
San Francisco bietet Abwechslung
für jeden Geschmack

ABSINTHE (128 B6) (*ID N7*)
Orchestermusiker, Sinfoniegäste und
Bonvivants lassen sich bei gutem Essen
Carlos Yturrias Absinth-Cocktails schme-
cken – auch in den USA inzwischen wie-
der legal. *Mo geschl. | 398 Hayes St. |
Muni 21 – Fulton*

ALEMBIC (132 C2) (*ID J8*)
Hier sind mehr Cocktails und Whiskysor-
ten im Angebot, als Sie an einem Abend
probieren können. Doch eine *Gilded Lily*
sollten Sie mal versuchen. *Tgl. | 1725
Haight St. | Muni 71 – Haight/Noriega*

BEACH CHALET & PARK CHALET ●
(130 A2) (*ID A8*)
Genug von der steifen Brise am Ocean
Beach? Zeit für Happy Hour und Livemusik im Beach Chalet oder einem Drink
auf den windgeschützten Liegestühlen
des Park Chalets am westlichen Rand
des Golden Gate Park. *Tgl. | 1000 Great
Highway | Muni 5 – Fulton*

INSIDER TIPP ▶ BIG 4 RESTAURANT
(128 C4) *(Ⓜ O5)*

Passieren Sie einmal die dunklen Holz-schwingtüren, fühlen Sie sich 100 Jahre in der Zeit zurückversetzt: gediegene Kla-viermusik, dunkel getäfelte Wände, auf-

MEDJOOL **(134 B4)** *(Ⓜ N10)*

Bevor Sie die starken Mojitos in der Lounge oder auf der Dachterrasse trin-ken und sich auf die Tanzfläche im Un-tergeschoss begeben, essen Sie besser einen Happen aus der hervorragenden

Vesuvio Café: Die Café-Bar ist ebenso legendär wie der City Lights Bookstore gegenüber

merksame Barkeeper und ein Schild mit der Aufschrift „Keine Mobiltelefone" – herrlich! *Tgl. | 1075 California St. | Muni Cable Car – C California*

GORDON BIERSCH **(129 E4)** *(Ⓜ R5)*

Wer über US-Biere meckert, kennt nur Budweiser und Miller. In jeder größeren Stadt gibt es inzwischen lokale Brauerei-en wie Gordon Biersch, die übers Jahr wechselnde Biere servieren. Prost! *Tgl. | 2 Harrison St. | Muni N – Judah*

HOTEL UTAH SALOON
(129 D5) *(Ⓜ Q7)*

„The Utah", wie es Einheimische nennen, liegt im Multimediaviertel SoMa. Bei Cocktails und Bier entspannen sich hier nicht nur „Dot-Commer" bei Livemusik von lokalen Bands – meist guter Rock. *Tgl. | 500 4th St. | Muni 30 – Stockton*

mediterranen Küche. *Tgl. | 2522 Mission St. | Muni 14 – Mission*

ORBIT ROOM **(128 B6)** *(Ⓜ M8)*

Marmortische, Motorroller und ein Schaufenster für Aus- und Einblicke – das gibt *California feeling* pur. *Tgl. | 1900 Mar-ket St. | Muni F – Market*

ROGUE ALES PUBLIC HOUSE
(128 C2) *(Ⓜ P3)*

Hungrig und durstig vom Herumlaufen in der Stadt? Hier warten über 40 Biere vom Fass, zahlreiche Flaschenbiere und Burger, Salate und Sandwiches auf Tou-risten und Einheimische gleichermaßen. *Tgl. | 673 Union St. | Muni 30 – Stockton*

SPECS **(128 C3)** *(Ⓜ P3)*

Geheimtipp in North Beach: Inmitten von Seefahrtsrelikten genehmigen sich nicht nur Stammkunden starke Getränke. *Tgl. | 12 William Saroyan Place | Muni 30 – Stockton*

TOMMY'S MEXICAN RESTAURANT ★
(125 D5) (⌖ E6)

„Mixology", das österreichische Magazin für Barkultur, preist Tommy's als weltweit beste Tequila-Bar. Dazu gibt's ausgezeichnetes mexikanisches Essen – der Weg in den Westen der Stadt lohnt sich! *Di geschl. | 5929 Geary Blvd. | Muni 38 – Geary*

TOP OF THE MARK ☼
(128 C4) (⌖ P4)

Die Nostalgielounge nicht nur für ältere Einheimische mit Panoramafenstern auf allen Seiten. *Tgl. | 1 Nob Hill | Cable Car C – California*

VESUVIO CAFÉ (128 C3) (⌖ P4)

In dieser legendären Café-Bar können Sie in der ebenso berühmten wie echten Atmosphäre der 1950er-Jahre in der Erinnerung an Jack Kerouac und die Beatniks schwelgen und auch noch die Ausstellungen der Aktfotografen und der örtlichen Maler sehen. *Tgl. | 255 Columbus Ave. | Muni 12 – Folsom*

INSIDER TIPP ▸ WAYFARE TAVERN
(129 D3) (⌖ Q4)

Adam Richey ist einer der besten Barkeeper der Stadt. In der Weihnachtszeit unbedingt seinen *hot buttered rum* probieren. *Tgl. | 558 Sacramento St. | Muni 1 – California*

COMEDY CLUBS

BEACH BLANKET BABYLON ★
(128 C2) (⌖ P3)

Hier ist es immer voll – die schräge Musical-Revue läuft seit 1974. Der Akzent liegt auf Slapstick, die Komiker tragen gigantische Perücken und verrückte Kostüme. Online reservieren! *Mi–So | $ 25–130 | 678 Green St. | Tel. 4 21 42 22 | www.beachblanketbabylon.com | Muni 30 – Stockton*

COBB'S COMEDY CLUB
(128 B1) (⌖ O3)

In North Beach geben die Ein-Mann-Komiker ihre Monologe zum Besten – sowohl lokale als auch national bekannte Künstler treten hier auf. *Do–So | $ 20–30 plus zwei Getränke | 915 Columbus Ave. | Tel. 9 28 43 40 | www.cobbscomedy.com | Muni 30 – Stockton*

★ **Tommy's Mexican Restaurant**
Genießt den Ruf der besten Tequila-Bar der Welt → S. 83

★ **Beach Blanket Babylon**
Diese beliebte Comedy-Institution besuchten schon Prinz Charles und Camilla → S. 83

★ **Café Du Nord**
Ein steter Strom neuer Bands spielt im kultigen Kellerclub → S. 84

★ **Mr. Smith's**
Der Club bietet gleichzeitig Coolness und Wohnzimmeratmosphäre → S. 85

★ **Yoshi's Jazz Club**
Weltstars und lokale Größen, dazu beste japanische Küche → S. 85

★ **Castro Theatre**
Großartiger Filmpalast mit Orchester und Orgel für Stummfilme → S. 86

MARCO POLO HIGHLIGHTS

REDWOOD ROOM (128 C4) (🚇 O5)

Wer die strengen Türsteher passiert, findet sich schon mal neben dem Sänger und dem Gitarristen von Coldplay wieder. Atemberaubendes Ambiente, hübsche Bedienung, leckere Martinis. *Tgl. | 495 Geary St. | Muni 38 – Geary*

DISKOS & NACHTCLUBS

1015 FOLSOM (129 D5) (🚇 P7)

Eine regelrechte Tanzfabrik der *young and chique*. Auf drei Etagen mit DJ, Disko und Acidjazz. Mal mehr Yuppie, mal mehr Hip-Hop. *So–Mi geschl. | 1015 Folsom St. | Tel. 4 31 74 44 | www.1015.com | Muni 12 – Folsom*

BIMBO'S 365 CLUB (128 C2) (🚇 O2)

Seit 1931 ist Bimbo's eine bekannte Größe in der Clubszene. Funk, Jazz und Electronica: Hier spielen die besten Musiker aus der Bay Area. Karten sollten Sie vorbestellen! *Wechselnde Zeiten und Preise | 1025 Columbus Ave. | Tel. 4 74 03 65 | www.bimbos365club.com | Muni 30 – Stockton*

BOOM BOOM ROOM (127 E5) (🚇 M6)

Blueslegende John Lee Hooker erfüllte sich einen Traum und eröffnete mit über 80 Jahren seinen eigenen Club, der auch lange nach seinem Tod noch schwer angesagt ist. Jeden Tag gibt's Livemusik – nicht nur für Bluesfans ein Muss. *Mo geschl. | 1601 Fillmore St. | Tel. 6 73 80 00 | www.boomboomblues.com | Muni 38 – Geary*

CAFÉ DU NORD ⭐ (133 E2) (🚇 M9)

Im 1907 eingeweihten Nachtclub gab's während der Prohibition illegalen Alkoholausschank – davon kündet die 13 m lange Mahagonibar. Alternative, Folk- und Rockmusik. *Tgl. | geringer Eintritt | 2170 Market St. | Tel. 8 61 50 16 | www.cafedunord.com | Muni F– Market*

CIGAR BAR & GRILL (129 D3) (🚇 P4)

Tanzfläche direkt vor wechselnden Latin-Bands. Billard unter freiem Himmel, und Rauchen ausdrücklich erlaubt – hier geht die Post ab. *So geschl. | 850 Montgomery St. | Muni 12 – Folsom/Pacific*

DNA LOUNGE (134 C1) (🚇 O8)

Der ehemalige Netscape-Programmierer Jamie Zawinski ist heute Nachtclubchef. Webcams und Blogs erinnern an seine Wurzeln. Mexikanische Küche, bunt-schickes Publikum, zu Themennächten kommen die schrägsten Typen der

ENTSPANNEN & GENIESSEN

Sind Sie den Tag über genug gelaufen? Kein Problem: Jede Menge Erholungsangebote wetteifern um Besucher. Die ausgebildeten Experten von ● *True Massage & Wellness* **(128 C4) (🚇 P5)** *(tgl. | 760 Market St. | Tel. 6 77 94 61)* freuen sich auf müde Muskeln und bringen Körper wie Geist wieder in Schwung, während die ● *Earth & Sky Oasis* **(128 C4) (🚇 P5)** *(Mo geschl. | 391 Sutter St. | Tel. 9 89 00 14)* auch Akupunktur sowie Mani- und Pediküre anbietet. Und das ☀ *Nob Hill Spa* im Huntington Hotel **(128 C4) (🚇 P5)** *(1075 California St. | Tel. 474 54 00 | www.huntingtonhotel.com)* punktet mit Pool und traumhaftem Bademantelausblick von der Dachterrasse.

Stadt. *Di/Mi geschl. | 375 11th St. | Tel. 6 26 1409 | www.dnalounge.com | Muni 9 – San Bruno*

HENRY DENTON'S STARLIGHT ROOM ✼ (128 C4) (⌘ P5)

Im 21. Stock des Sir Francis Drake Hotels trifft sich eine illustre Schar von Einhei-

MR. SMITH'S ⭐ (128 C5) (⌘ O7)

Die Manager Kevin und Max öffneten mit diesem Club ein wahres Kleinod: entspannte Bar, coole Lounge und Tanzfläche auf drei Etagen – dazu stressfreie Türsteher, fähige Barkeeper und gute DJs. *So/Mo geschl. | 34 7th St. | Muni F – Market*

Ob an Tresen oder auf der Tanzfläche von Mr. Smith's: immer voll, immer gute Stimmung

mischen und Besuchern allen Alters, um Aussicht, Musik und Drinks zu genießen. Sonntags Brunch mit Drag-Queen-Show. *Mo geschl. | 450 Powell St. | Muni 2 – Clement, F – Market*

THE INDEPENDENT (127 E6) (⌘ L7)

Seit über 30 Jahren eine Institution in Sachen Musik. Hier treten lokale und internationale Aufsteiger und Top-Acts wie DJ Shadow, Erasure und Henry Rollins auf. Gutes Soundsystem, fähige Barkeeper und stressfreie Türsteher. *Wechselnde Zeiten und Preise | 628 Divisadero St. | Tel. 7 71 1421 | www.theindependentsf.com | Muni 21 – Hayes*

INSIDER TIPP ▸ RED DEVIL LOUNGE (128 B3) (⌘ N4)

Der kleine, entspannte Nachbarschaftsclub protzt mit Stars wie den Commitments und ABC. Auch Newcomer kriegen eine Chance. *Wechselnde Zeiten und Preise | 1695 Polk St. | www. reddevillounge.com | Muni 19 – Polk*

YOSHI'S JAZZ CLUB ⭐ (127 E5) (⌘ M6)

San Franciscos erste Jazz-Adresse wagt seit 2009 auch Ausflüge in andere Genres. Stars wie Marcus Miller, Leo Kottke und Abdullah Ibrahim wechseln sich mit aufstrebenden Musikern ab. Erstklassig ist zudem auch die japanische Küche. *Tgl. | 1330 Fillmore Street | Tel. 6 55 56 00 | www.yoshis.com | Muni 22 – Fillmore*

KINOS

BALBOA THEATRE (130 C1) (*C7*)
Erbaut im Jahr 1926 trotzt dieses Kino hartnäckig allen Multiplex-Palästen. Klassiker und aktuelle Filme, günstiger Eintritt – am Geburtstag gratis! *Tgl. | 3630 Balboa St. | www.balboamovies. com | Muni 31 – Balboa*

CASTRO THEATRE ⭐
(133 E3) (*L9*)
In diesem herrlichen Filmpalast mit 1500 Sitzen, einer zeltähnlichen Kuppel und einer riesigen Trompe-l'œil-Malerei

LOW BUDG€T

▶ Seit 1896 wird in der *Anchor Steam Brewery* (135 D2) (*Q9*) das einzige landesweit vertriebene Dampfbier der USA gebraut. In einer zweistündigen, kostenlosen Tour besichtigen Sie die Brauerei und probieren verschiedene Biersorten. Unbedingt lange vorher reservieren! *1705 Mariposa St. | Tel. 8 63 83 50 | Muni 19 – Polk*

▶ ● *Opera/Shakespeare in the Park*: Von Mai bis September finden in zahlreichen Stadtparks kostenlose Opern- und Schauspielaufführungen statt. Aktuelle Spielpläne unter: *www.sfopera.com, www. sfshakes.org*. Tickets zum halben Preis gibt's im Kartenhäuschen am *Union Square* (128 C5) (*P5*) für denselben Tag. *Muni Cable Car PH – Powell & Hyde*

sind vor allem Kinoklassiker zu sehen. Stummfilme werden manchmal vom Kinoorchester oder live gespielter Orgelmusik begleitet. *429 Castro St. | Tel. 6 21 61 20 | www.castrotheatre.com | Muni F – Market*

INSIDER TIPP ▶ LUMIERE THEATRE
(128 B4) (*N5*)
Kleines, feines Programmkino, das Filme zeigt, die nirgendwo sonst laufen – oft im Original mit Untertiteln. *1572 California St. | Tel. 2 67 48 93 | Cable Car C – California*

KLASSIK & BALLETT

POCKET OPERA
Von März bis Juli gibt diese „Oper im Taschenformat" sehr informelle Aufführungen ohne große Kostüme an wechselnden Orten wie dem *Waterfront Theater*, am Ghirardelli Square oder dem *Florence Gould Theater*. *469 Bryant St. | Tel. 9 72 89 30 | www.pocketopera.org*

SAN FRANCISCO OPERA COMPANY
(128 B5) (*N7*)
Die kurze Saison beginnt im September und dauert nur 14 Wochen, daher ist das Haus mit Weltniveau meist ausgebucht. Januar bis Mai folgt die Ballettsaison, für die ebenfalls die Karten frühzeitig zu buchen sind. *War Memorial Opera House | 301 Van Ness Ave. | Tel. 8 61 40 08 | www. sfopera.com | Muni 21 – Hayes*

SAN FRANCISCO SYMPHONY ●
(128 B6) (*N7*)
2011 feierte das vielfach gekrönte Sinfonieorchester sein 100. Jubiläum. Dirigent seit 1995: Michael Tilson Thomas (Los Angeles), zu dessen Markenzeichen amerikanische Komponisten, aber auch Werke von Mahler und Strawinsky gehören. Beliebt sind auch die günstigen offenen Pro-

ben am Vor- und die Konzerte am Nachmittag. *Davies Symphony Hall | 201 Van Ness Ave. | Tel. 8 64 60 00 | www.sfsymphony.org | Muni 21 – Hayes*

MUSICALS

CURRAN THEATRE (128 C4) (*O5*)
Komödien und Musicals vom New Yorker Broadway. *445 Geary St. | Tel. 5 51 20 00 | Muni 38 – Geary*

THEATER

AMERICAN CONSERVATORY THEATRE
(128 C4) (*P5*)
Die Adresse für den traditionellen Theatergänger. Die dynamischste Truppe in San Francisco – vergleichbar mit dem British National Theatre – tritt ganzjährig an verschiedenen Orten der Stadt auf. *415 Geary St. | Tel. 7 49 22 28 | www.act-sf.org | Muni 38 – Geary*

Sänger und Balletttänzer von Weltrang gastieren in der prächtigen San Francisco Opera

GOLDEN GATE THEATRE
(128 C5) (*P6*)
Die großen Musicals („Phantom of the Opera", „Chicago", „Hair"), aufgeführt in einem grandiosen Haus aus dem Jahr 1922. *1 Taylor St. | Tel. 5 51 20 00 | shnsf.com/theatres/goldengate | Muni F – Market*

ORPHEUM THEATRE (128 C5) (*O7*)
Populäre und aktuelle Broadway-Musicals, die jedes Herz erfreuen. *1192 Market Street | Tel. 5 51 77 70 | www.orpheumtheatresftickets.com | Muni F – Market*

EUREKA THEATRE COMPANY
(129 D3) (*Q4*)
Moderne Inszenierungen vorwiegend von sozialen und politischen Stücken im Art-déco-Theater. *215 Jackson St. | Tel. 7 88 74 69 | www.eurekatheatre.org | Muni 1 – California*

MAGIC THEATRE (128 A1) (*M2*)
Hier werden Stücke von alten und neuen amerikanischen Autoren wie Sam Shepard und Nilo Cruz inszeniert. *Building D | Fort Mason | Tel. 4 41 88 22 | Muni 30 – Stockton*

ÜBERNACHTEN

San Francisco ist nach New York die zweitteuerste Stadt der USA – hier zahlt man für eine Zweizimmerwohnung problemlos 1800 Dollar Miete. Da sind auch Hotelpreise von 200 bis 300 Dollar pro Nacht keine Ausnahme.

Neben den großen, oft teuren Hotels geht der Trend zu Boutique-Hotels: alten Gebäuden, die von findigen Hoteliers aufgekauft, renoviert und nun zu vernünftigen Preisen angeboten werden. Ein Bed & Breakfast in einem viktorianischen Haus kann, muss aber nicht günstig sein – hier lohnt der Vergleich, genau wie bei Hotels in alten Mansions, den ehemaligen, palastähnlichen Häusern wohlhabender San Franciscans. Sparfüchse schauen sich Motels und Hostels mit Mehrbettzimmern an. Achtung:

15,5 Prozent Übernachtungs-/Bettensteuer kommen pro Zimmer hinzu.

Zwar reicht die Hauptsaison von Anfang Mai bis Ende September, doch ein Besuch lohnt auch außerhalb dieser Monate – San Francisco hat zu jeder Zeit etwas zu bieten. Darüber hinaus freuen sich viele Hotels über Besucher in der Nebensaison und bieten ihre Zimmer deutlich günstiger an. Einige Hotels der Preiskategorie €€ fallen so fast schon in die Kategorie €.

Mit Online-Reservierungen sparen Sie noch einmal kräftig: Viele Hotels annoncieren im Internet Zimmerpreise, die es so günstig nirgendwo sonst gibt. Allerdings benötigen Sie dafür und für die Reservierung per Telefon eine Kreditkarte, die teilweise schon bei der Buchung, teils

---

Bild: Lobby des Fairmont Hotel

California dreamin' – eine Stadt der Hotelpaläste, aber auch der intimeren Hotels in guter Lage

erst beim Check-in belastet wird. Angebote finden Sie auf Websites wie *www.expedia.com, www.hotels.com, www.kayak.com, www.priceline.com* und *www.hotwire.com*.

HOTELS €€€

CLIFT HOTEL (128 C4) (𝄞 O5)
Das „Wunderland für den Jetset" wurde 1913 errichtet. Heute in den Händen der ultraschicken *Morgans Hotel Group* (auch: *Mondrian,* Los Angeles und *Hud-*

son, New York) und ihres Stammdesigners Philippe Starck. Moderner Luxus mit Werken von Dalí und Magritte in der Lobby. Clift-Gäste kommen problemlos in den *Redwood Room (siehe Kapitel „Am Abend", S. 84). 363 Zi. | 495 Geary St. | Tel. 775 47 00 | www.clifthotel.com | Muni 38 – Geary*

FAIRMONT HOTEL ⭐ ☼
(128 C3) (𝄞 P4)
Wohl das bekannteste Hotel der Stadt, ein Marmorpalast auf dem Nob Hill. Im

Design-Mix zwischen Avantgarde und Exzentrik, auf jeden Fall aber individuell: Hotel Triton

Keller: der *Tonga Room,* eine Tiki-Bar mit Gewitter und auf einem Boot musizierender Liveband. Von vielen der Luxuszimmer großartige Aussicht auf Downtown San Francisco, Alcatraz und die Bay Area. *591 Zi. | 950 Mason St. | Tel. 7 72 50 00 | www.fairmont.com/sanfrancisco | Cable Car C – California*

HOTEL TRITON (128 C4) (🗺 P5)
Das extravagante Hotel am Union Square gehört zur Gruppe der Boutique-Hotels, die individuell, oft exzentrisch eingerichtet wurden. Neun lokale Künstler statteten die Räume aus, jeder ein Unikat:, ob handgemaltes „Diamantenzimmer" oder „Tomatensuppenzimmer". Auf der Hotelwebseite können und sollten Sie vor dem Buchen einige der schönsten Zimmer bewundern. *140 Zi. | 342 Grant Ave. | Tel. 3 94 05 00 | www. hoteltriton.com | Muni 2 – Clement*

MANDARIN ORIENTAL ❄ (129 D3) (🗺 Q4)
Allein schon die Aussicht aus den Fenstern des Hotels in den obersten Etagen des California Center ist exquisit. Deshalb sind die asiatisch dekorierten Zimmer auch mit Ferngläsern ausgestattet. Service wird in dem mehrfach ausgezeichneten Hotel großgeschrieben. *154 Zi. | 222 Sansome St. | Tel. 2 76 98 88 | www. mandarinoriental.com | Cable Car C – California*

PALACE HOTEL (129 D4) (🗺 Q5)
Einzigartig sind hier die Halle, die fast genau der ursprünglichen Aufmachung von 1875 entspricht, und der Innengarten, ebenfalls mit der Grandezza der Gründerjahre. Geräumige Zimmer. Online gebucht oft günstiger. *522 Zi. und Suiten | 2 New Montgomery St. | Tel. 5 12 11 11 | www. sfpalace.com | Muni F – Market*

W SAN FRANCISCO ★ ⏱
(129 D4) (ᗰ Q6)

Das Management des modernen „W" legt großen Wert darauf, dass hier jeder seinen Spaß haben soll: In der hippen *XYZ Bar* treffen sich Einheimische und Besucher auf einen Drink. Seit 2010 zertifiziert durch das *U.S. Green Building Council*. *423 Zi. | 181 3rd St. | Tel. 7 77 53 00 | www.whotels.com | Muni 30 – Stockton*

HOTELS €€

HOTEL ADAGIO (128 C4) (ᗰ O5)

Alt trifft Neu: Das Gebäude im Spanish-Colonial-Revival-Stil beherbergt ein schmuckes Boutique-Hotel. 80 Zimmer mit Ausblick, im Erdgeschoss lockt die Bar Adagio. *171 Zi. | 550 Geary St. | Tel. 7 75 93 88 | www.jdvhotels.com/hotels/adagio | Muni 38 – Geary*

INSIDER TIPP ▶ BOHÈME (129 D2) (ᗰ P3)

Der Name ist Programm: Die Einrichtung reflektiert bewusst Kultur und Geschmack der Beatgeneration der 1950er-Jahre. Dazu die Lage in North Beach, wo einst die Bohemiens wohnten. Die Zimmer sind winzig, aber der lavendelfarbene oder auch lindgrüne Anstrich macht alles wett. *15 Zi. | 444 Columbus St. | Tel. 4 33 91 11 | www.hotelboheme.com | Muni 30 – Stockton*

THE CHATEAU TIVOLI ★
(127 E6) (ᗰ L6)

Wer ganz stilvoll in einem der viktorianischen Holzhäuser, den *painted ladies,* wohnen will, sollte ein Zimmer im Chateau Tivoli reservieren. Das gemütliche, 1892 gebaute Bed-&-Breakfast-Inn nahe dem Alamo Square begeistert mit atemberaubenden, altehrwürdig eingerichteten Räumen. Teils günstigere Zimmer, wenn Sie sich das Bad mit einem anderen Gast teilen. *22 Zi. | 1057 Steiner St. | Tel. 7 76 54 62 | www.chateautivoli.com | Muni 5 – Fulton*

DONATELLO HOTEL (128 C4) (ᗰ P5)

Zentraler geht's kaum: Das Donatello liegt einen Block vom Union Square

---

★ **Fairmont Hotel**
Prächtige Lobby und eine phantastische Aussicht auf die Stadt → S. 89

★ **W San Francisco**
Schickes Hotel, schicke Gäste – und ein DJ legt Musik auf → S. 91

★ **The Chateau Tivoli**
Antiquitäten und Himmelbetten in einer ehemaligen Privatresidenz → S. 91

★ **Ritz Carlton**
Das Luxushotel schlechthin → S. 92

★ **Golden Gate**
Das Stadthaus, das Europäer besonders mögen → S. 92

★ **Petite Auberge**
Charmante Villa, außen viktorianisch, innen provenzalisch → S. 94

★ **Phoenix Hotel**
Wo so mancher Hollywoodstar in San Francisco wohnt → S. 94

★ **Queen Anne Hotel**
Viktorianisch, praktisch, gut – am Rand von Pacific Heights gelegen → S. 95

MARCO POLO HIGHLIGHTS

LUXUSHOTELS

Campton Place (126 C4) (𝄞 P5)
In einem Gebäude der Jahrhundertwende ein völlig renoviertes Luxushotel mit Marmorbädern, versteckten Fernsehern und außerordentlichem Service. Ab $300. *101 Zi., 9 Suiten | 340 Stockton St. | Tel. 7 81 55 55 | www.campton place.com | Muni 30 – Stockton, 45 – Union/Stockton*

Four Seasons ⚿ (127 D4) (𝄞 P5)
Modern und überaus komfortabel präsentiert sich das Hotel am Moscone-Konferenzzentrum. Alle Zimmer sind sehr geräumig und mit gutem Rundumblick auf die Bucht von San Francisco. Im Keller steht Gästen der Fitnessclub auf über 9000 m² samt Sportkursen und Pool zur Verfügung. Ab $495. *231 Zi., 46 Suiten | 757 Market St. | Tel. 6 33 30 00 | www.fourseasons.com | Muni F – Marlet*

Huntington (126 C4) (𝄞 O5)
Eine der vornehmsten Herbergen Amerikas, in der schon Gregory Peck residierte. Dezent, voller Antiquitäten und mit hervorragendem Restaurant. Ab $335. *96 Zi., 40 Suiten | 1075 California St. | Tel. 4 74 54 00 | www.huntington hotel.com | Cable Car C – California*

Hyatt Regency (127 D3) (𝄞 Q4)
Superluxus um den 17 Etagen hohen, nach oben geschlossenen Innenhof. Besonders auf den Clubetagen, wo Privatbars und Concierges zur Verfügung stehen. Ab $230. *757 Zi., 45 Suiten | 5 Embarcadero Center | Tel. 7 88 12 34 | www.sanfranciscoregency.hyatt.com | Muni 1 – California, Cable Car C – California*

Mark Hopkins ⚿ (126 C4) (𝄞 P4)
Hoch auf dem Nob Hill mit herrlichem Blick, der besonders von den Suiten berückend ist: Dort genießen Sie die Fernsicht vom Whirlpool aus. Top-of-the-Mark-Lounge im 19. Stock. Ab $180. *382 Zi., 33 Suiten | 1 Nob Hill | Tel. 3 92 34 34 | www.intercontinental.com | Cable Car C – California*

Ritz Carlton ★ ⚿ (126 C3) (𝄞 P4)
Seit seiner Eröffnung 1991 ist es *das* Luxushotel auf dem Nob Hill. Es fehlt an nichts: italienischer Marmor im Bad, zwei Restaurants, Fitnesscenter und Pool sowie Businesscenter und Clubetage mit Concierge. Ab $460. *227 Zi., 60 Suiten | 600 Stockton St. | Tel. 2 96 74 65 | www.ritzcarlton.com/hotels/ san_francisco | Cable Car C – California*

entfernt. Geräumig-moderne Zimmer, Whirlpool und Sauna lassen den Shoppingstress vergessen. *94 Zi. | 501 Post St. | Tel. 441-7100 | www.thedonatellosf. com | Muni 2 – Clement*

GOLDEN GATE ★ (128 C4) (𝄞 P5)
Bed & Breakfast in einem gemütlichen Haus um die Jahrhundertwende mit schmaler Fassade, Erkerfenstern und Drahtkäfigfahrstuhl, das meist zur Hälfte von Europäern belegt wird. Die 25 Zimmer sind nicht alle mit Bad, aber dafür spricht man hier Deutsch. Extrem freundliche und hilfsbereite Besitzer mit Hauskatze und Hunden. *775 Bush St. | Tel. 3 92 37 02, 80 08 35 11 18 | www. goldengatehotel.com | Muni 2 – Clement*

THE GOOD HOTEL 🙂 (128 C5) (📖 P7)
Das Hotel in leicht dubioser SoMa-Lage setzt auf Recycling, nutzt Brauchwasser-Toilettenspülungen und verleiht vier Gratisfahrräder an Frühaufsteher. *117 Zi. |*

lich. Die meisten mit Zugang zu einem kleinen Patio, die Suite mit kleinem Garten. *7 Zi., 1 Suite | 321 Castro St. | Tel. 8 61 03 21 | www.innoncastro.com | Muni F – Market*

Die imposante 17-stöckige Atriumlobby des Luxustempels Hyatt Regency

112 7th St. | Tel. 6 21 70 01 | www.thegood hotel.com | Muni F – Market

HANDLERY UNION SQUARE
(128 C4) (📖 P5)
Ein klassisches, hübsch renoviertes Innenstadthotel, dessen etwas mehr zahlenden Clubgästen auch eine Sauna und ein Schwimmbad zur Verfügung stehen. *377 Zi. | 351 Geary St. | Tel. 7 81 78 00 | Tel. 80 08 43 43 43 | www.handlery.com | Muni 38 – Geary*

INSIDER TIPP▶ INN ON CASTRO
(133 E2) (📖 L9)
Praktisch im Zentrum des Castro-Viertels gelegen und eines der hübscheren *Edwardian houses.* Die Zimmer – bis auf eines mit Bad – sind modern und freund-

KING GEORGE (128 C4) (📖 P5)
Elegante Lobby, alle Zimmer in hellen Pastelltönen, ein gutes japanisches Restaurant und zentral nahe Union Square gelegen – was will man mehr? *153 Zi. | 334 Mason St. | Tel. 7 81 50 50 | www. kinggeorge.com | Muni 38 – Geary*

MARINA MOTEL (127 D2) (📖 K3)
Die Zimmer des Motels sind nicht mehr ganz taufrisch und etwas laut, aber es gibt auch Zimmer zum Hof und in der Nähe sind viele Restaurants und Bars. In manchen Zimmern ist sogar eine kleine Küche installiert – fragen Sie danach. Ein zusätzliches Plus: kostenlose Parkplätze! *36 Zi. | 2576 Lombard St. | Tel. 9 21 94 06 | www.marinamotel.com | Muni 30 – Stockton*

HOTELS €€

INSIDER TIPP ▸ **THE MOSSER HOTEL** ☺
(128 C4) (*M P6*)

1981 kaufte sich Charles W. Mosser ein Hotel, renovierte es und baute ein Tonstudio ein, um etliche seiner 5000 selbst geschriebenen Songs einzuspielen. Das Studio können Sie im Paket mit einem Zimmer buchen, um Ihre eigene CD aufzunehmen. Ein Teil der Hoteleinnahmen geht an Hilfsorganisationen, etwa zur Erhaltung des Regenwalds. *166 Zi. | 54 Fourth St. | Tel. 9 86 44 00 | www.the mosser.com | Muni F – Market*

auch Flugbesatzungen aus aller Welt. *1010 Zi., 18 Suiten | 55 Cyril Magnin St. | Tel. 3 92 80 00| www.parc55hotel.com | Muni F – Market*

PETITE AUBERGE ⭐ (128 C4) (*M O5*)

Bed & Breakfast in der Art eines französischen Landsitzes. Ein bisschen kitschig die herumliegenden Teddybären, großartig das Frühstück und die leckeren Hors d'œuvres sowie der Sherry, den Sie am Nachmittag in der Lounge genießen können. *26 Zi. | 863 Bush St. | Tel.*

Im Phönix Hotel, beliebt bei Künstlern und Musikern, spielt am Pool ein Frosch E-Gitarre

NOB HILL HOTEL (128 B4) (*M O5*)

Im stilvoll eingerichteten Haus mit Stuckdecken und wallenden Vorhängen fühlen Sie sich wie im San Francisco des frühen 20. Jhs., Frühstück, Zeitung und Weinprobe am Nachmittag inbegriffen. *53 Zi. | 835 Hyde St. | Tel. 8 85 29 87 | www. nobhillhotel.com | Muni 27 – Bryant*

PARK FIFTY FIVE ☆ (128 C5) (*M P6*)

Im 2009 auf cool und hip getrimmten, hochgeschossigen Businesshotel mit spektakulärer Aussicht erholen sich

9 28 60 00 | Tel. 80 03 65 30 04 | www. jdvhotels.com/petite_auberge | Muni 2 – Clement

PHOENIX HOTEL ⭐
(128 B5) (*M N–O6*)

Das Hotel liegt nicht gerade in der besten Gegend, sondern im berühmt-berüchtigten Tenderloin. Den Filmemachern, Rockmusikern, Schriftstellern und sonstigen Künstlern, die das Phoenix bevorzugen, scheint dies allerdings nichts auszumachen. Die Zimmer sind riesig und mit

Bambusmöbeln eingerichtet. Im Innenhof befindet sich ein kleines, beheiztes Schwimmbad. *44 Zi. | 601 Eddy St. | Tel. 7 76 13 80 | www.jdvhospitality.com | Muni 31 – Balboa*

QUEEN ANNE HOTEL ⭐
(127 E4) (*M5*)

Als das Hotel vor mehr als hundert Jahren erbaut wurde, befand es sich noch auf dem Land. Jetzt steht es mittendrin – in der Western Addition, die so gar nicht als fein gilt, aber offenkundig auch nicht so schlimm ist, dass hierher nicht auch ein luxuriös ausgestattetes viktorianisches Bed & Breakfast passte. Die Zimmer sind mit englischen Antiquitäten und von Hand gefertigten Holzböden ausgestattet. *49 Zi. und Suiten | 1590 Sutter St. | Tel. 4 41 28 28 | www.queenanne.com | Muni 2 – Clement*

STANYAN PARK HOTEL (132 C2) (*J8*)

Das höchst charmante, dreigeschossige Haus aus dem Jahre 1905 ist ebenfalls ein viktorianisches Juwel. Die sechs Suiten sind für bis zu sechs Personen – und damit für Familien und Freundeskreise sehr erschwinglich. Direkt am Golden Gate Park. *36 Zi., 6 Suiten | 750 Stanyan St. | Tel. 7 51 10 00 | www.stanyanpark.com | Muni 1 – Haight/ Noriega*

HOTELS €

ADELAIDE HOSTEL (128 C4) (*O5*)

Das Adelaide Hostel hat sechs saubere, wenngleich kleine Einzelzimmer mit Bad im Angebot und nutzt auch die Räumlichkeiten des benachbarten Hotels Dakota. Frühstück, Internetzugang, freundlicher Service und Aufenthaltsräume inklusive. *86 Zi. | 5 Isadora Duncan Lane | Tel. 3 59 19 15 | www.adelaidehostel.com | Muni 38 – Geary*

INSIDER TIPP ▶ HOTEL DES ARTS
(128 C4) (*P5*)

Fast alle Zimmer sind echte Unikate, weil von aufstrebenden Künstlern gestaltet – sie sehen so cool aus, dass man sie kaum verlassen mag. Wäre schade, denn China- und Downtown liegen nur je einen Häuserblock entfernt. Frühstück und Internet inklusive, grandiose Online-Specials. *43 Zi. | 447 Bush St. | Tel. 9 56 32 32 | www.sfhoteldesarts.com | Muni 2 – Clement*

LOW BUDGET

Selbst im Mutterland des Kapitalismus gibt es 🌀 gemeinnützige Hostels, die es sich zum Ziel gesetzt haben, zur interkulturellen Verständigung und einem verantwortungsvollen Umgang mit der Umwelt beizutragen. Belohnt wird man für die eher schlichte Unterbringung mit günstigen Preisen – und im Fall des Fisherman's Wharf Hostel mit einer einmaligen Lage im Fort Mason direkt am Wasser. Die drei Hostels (www.sfhostels.com):

▶ City Center **(128 B5)** (*O6*): *Gruppenzimmer ab $ 25, Einzelzimmer ab $ 79 | 685 Ellis St. | Tel. 4 74 57 21 | Muni 38 – Geary*

▶ Downtown **(128 C4)** (*P5*): *Gruppenzimmer ab $ 27, Einzelzimmer ab $ 69 | 312 Mason St. | Tel. 7 88 56 04 | Muni 38 – Geary*

▶ Fisherman's Wharf ⚜ **(127 E1)** (*M2*): *Gruppenzimmer ab $ 26, Einzelzimmer ab $ 65 | Fort Mason, Building 240 | Tel. 7 71 72 77 | Muni 30 – Stockton*

GRANT PLAZA HOTEL
(128 C3) (📖 P5)

Wenn Sie mit einem schmaleren Geldbeutel unterwegs sind, aber trotzdem sehr zentral wohnen wollen, könnte das Grant Plaza Hotel mitten in Chinatown das Richtige für Sie sein. Die Zimmer sind sehr klein, aber sauber. Dafür wohnen Sie in Fußweite zum Union Square und North Beach. *72 Zi. | 465 Grant Ave. | Tel. 4 34 38 83 | www.grantplaza.com | Muni 30 – Stockton*

HAYES VALLEY INN (128 A6) (📖 N7)

Das familiäre Hotel im Familienbesitz rühmt sich, „home away from home" zu sein. Helle, freundliche Zimmer, nettes Personal, Frühstück inklusive, sehr genehme Preise. Restaurants und Läden in unmittelbarer Nähe. *28 Zi. | 417 Gough St. | Tel. 4 31 91 31 | www. hayesvalleyinn.com | Muni 21 – Hayes*

INSIDER TIPP ▶ LUZ HOTEL
(128 B4) (📖 O5)

„Come as guests, leave as family" lautet das Motto dieses durchaus charmanten Minihotels. Sehr einfache, doch saubere Zimmer, die meisten davon mit Gemeinschaftsbad. Unschlagbar günstig: ab $ 50 pro Nacht, ab $ 350 pro Woche inklusive Steuern und Internet. Freundliches und hilfsbereites Personal. *22 Zi. | 725 Geary St. | Tel. 9 28 19 17 | www.luzhotelsf.com | Muni 38 – Geary*

HOTEL MAYFLOWER
(128 C4) (📖 O5)

Was 1929 noch eine kleine Sensation war, ist auch 2011 nicht selbstverständlich: Spüle, Kühlschrank und inzwischen auch Mikrowelle finden Sie in fast jedem der großen Zimmer. Theaterviertel, Chinatown und Union Square sind nur wenige Minuten zu Fuß entfernt. Und Frühstück sowie Internet sind schon im Preis inbegriffen. *102 Zi. | 975 Bush St. | Tel. 6 73 70 10 | www.sfmayflowerhotel. com | Muni 27 – Bryant*

METRO HOTEL (127 E6) (📖 L8)

Ein echtes Kleinod an der Grenze von Lower und Upper Haight – in fünf Minuten sind Sie mitten in Haight-Ashbury oder in den etwas etablierteren Gefilden der Lower Haight. Am besten online reservieren, da trotz kleiner Zimmer recht begehrt. *23 Zi. | 319 Divisadero St. | Tel. 8 61 53 64 | www.metrohotelsf.com | Muni 71 – Haight/Noriega*

WOHNEN VOR ORT

Einmal San Franciscan sein: Wenn Sie nicht in einem Hotel logieren wollen und mutig genug sind, dann wohnen Sie doch mal für ein paar Wochen zur Untermiete. Auf *sfbay.craigslist.org* führt eine Suche nach *sublet* zu Angeboten von Wohnungen, die Sie zur Kurzzeituntermiete bekommen können. Möchten Sie lieber nur eine Bleibe für ein paar Nächte? Auf *www.couchsurfing.com* öffneten zu Redaktionsschluss weit über 3000 San Franciscans ihre Wohnung – von der Schlafcouch bis zum eigenen Zimmer ist alles dabei. Ähnliche Angebote gibt es auch unter *www.hospitalityclub.org* und *www.globalfreeloaders. org*. Wer weiß, vielleicht haben Sie ja Glück und dürfen relativ günstig eine Weile als echter Einwohner San Franciscos gelten.

INSIDER TIPP ► **HOTEL METROPOLIS**
(128 C5) (🌐 P6)

Wer das Metropolis betritt, lässt die Hektik der Großstadt hinter sich. Eine Bücherei im ersten Stock und ein Zen-Ruheraum laden zum Verweilen ein, jedes Zimmer spiegelt mit seiner Farbgebung eins der Elemente Erde, Luft, Feuer und Wasser wider. Ans Hotel angeschlossen:

Garden oder *Sami's Poster Room.* Es gibt sogar einen Meditationsraum. Zielgruppe sind eher jüngere Reisende, die kein Problem damit haben, morgens über die vielen Obdachlosen auf der Haight Street zu klettern. Allerdings ist frühzeitiges Buchen angeraten! *18 Zi. | 1665 Haight St. | Tel. 8 64 19 78 | www.redvic.com | Muni 71 – Haight*

Wie ein Relikt aus den Blumenkindertagen: The Red Victorian Bed & Breakfast

Das *Farmer Brown Restaurant* mit wunderbarem *comfort food,* Bier in urigen Einmachgläsern und Sonntagsbrunch mit Livemusik. Probieren Sie *fried chicken with maccaroni and cheese. 105 Zi. | 25 Mason St. | Tel. 7 75 46 00 | www.hotelmetropolis.com | Muni F – Market*

THE RED VICTORIAN BED, BREAKFAST & ART (132 C2) (🌐 J8)

Hier werden Hippieträume wahr: Im liebevoll *Red Vic* genannten B & B auf der Haight Street herrscht Nostalgie pur, jedes der 18 Zimmer wurde nach einem anderen Motto eingerichtet: *Summer of Love, Earth Charter Room, Japanese Tea*

INSIDER TIPP ► **SAN REMO**
(128 B–C2) (🌐 O2)

In einem ruhigen Teil von North Beach, aber noch in Laufweite zu Fisherman's Wharf. Eine bessere Lage gibt es kaum. Die Zimmer sind im amerikanisch-rustikalen Stil eingerichtet: Messing- und Eisenbetten, Holz- und Bastmöbel und Deckenventilatoren. Die Bäder – keine individuellen – haben noch frei stehende Wannen, in denen die Helden der Wildwestfilme es sich gut gehen ließen. Besonders schön: das Penthouse. *62 Zi. | 2237 Mason St./Ecke Chestnut St. | Tel. 7 76 86 88 | www.sanremohotel.com | Cable Car PM – Powell & Mason*

STADTSPAZIERGÄNGE

Die Touren sind im Cityatlas, in der Faltkarte und auf dem hinteren Umschlag grün markiert

1

DIE BUCHT ENTLANG – SCHÖNE AUSSICHTEN & WENIGE STEIGUNGEN

Wenn Sie genug vom Kraxeln über die Hügel von San Francisco haben, hilft ein ausgedehnter Spaziergang am Wasser. 6–8 Stunden sollten Sie schon für die gesamte Tour veranschlagen – oder Sie fahren mit dem Fahrrad.

Startpunkt ist der **Aquatic Park** (127 F1) (*N2*). Rechts liegen Alcatraz und die Museumsschiffe, links Ihr Ziel: die **Golden Gate Bridge** → S. 29. Immer am Wasser geht's die McDowell Avenue entlang, eine ehemalige Zufahrtsstraße ins **Fort Mason** → S. 34. Sie passieren einen kleinen Park und halten sich rechts, den Hügel hinab zum Marina Boulevard.

Links: ein Safeway-Supermarkt (*24 Std. geöffnet | 15 Marina Blvd.*), als Single-Treffpunkt in Armistead Maupins „Stadtgeschichten" verewigt. Warum nicht dort zur Stärkung ein frisch belegtes Sandwich erstehen?

Zurück auf der anderen Straßenseite laufen Sie am Yachthafen entlang, immer in Richtung Westen. Vom **Marina Green Drive** zwischen dem Yacht- und dem westlichen Hafen haben Sie einen schönen Blick auf Fort Mason. Links in die Scott Street und dann wieder rechts den Marina Boulevard entlang: Auf der linken Seite sehen Sie jetzt den **Palace of Fine Arts** → S. 35, doch den lassen Sie links liegen. Rechts sehen Sie das straßenbaubedingt hierher verlegte **Crissy Field Center** (*tgl. | 1199 East Beach*), wo

---

Bild: Zugangsportal zur Chinatown

Kultur und Shopping allein machen nicht glücklich – genießen Sie einen Tag an der Bucht

Sie einen Kaffee trinken und sich über den ehemaligen Militärflugplatz Crissy Field informieren können. Den erreichen Sie über einen diagonalen Fußweg von der Lyon Street in Richtung **Golden Gate Promenade** → S. 30. Weiter nach Westen passieren Sie das Farralone Visitor Center, die Warming Hut und kommen schließlich zum **Fort Point** → S. 29.

Zurück in Richtung Stadt gehend folgen Sie einem Wanderpfad, der sich etwa 500 m östlich vom Fort Point zur Südseite der Golden Gate Bridge emporschlängelt.

Je nach Zeit und Wetter sollten Sie mindestens zum ersten Brückenpfeiler laufen und dann am Besucherpark in den Bus 28 in Richtung Fort Mason steigen. An der Endstation steigen Sie aus und laufen zurück zum Aquatic Park.

Je nachdem, wie spät es ist, empfiehlt sich ein Besuch der am **Hyde Street Pier** → S. 48 liegenden Museumsschiffe, der kleinen Seemannskirche oder auch des **Musée Mécanique** → S. 50 am Pier 45. Ein Abendessen im **Fisherman's Grotto #9** (tgl. | 2847 Taylor St. | Tel. 6 73 70 25 |

€€) – gut die Fischgerichte des Tages – beschließt die Tour. Wer noch laufen kann, marschiert weiter die Jefferson Street und dann The Embarcadero entlang zum **Ferry Building** → S. 56, um dort bei **Peet's Coffee & Tea** *(tgl.)* noch eine heiße Tee- oder Kaffeespezialität zu trinken.

2 49 MEILEN – ABER MIT DEM AUTO

49 Meilen geht es durch – wirklich! – ganz San Francisco. Diese Strecke von 78,5 km bewältigen nur Extremsportler zu Fuß in einem Stück. Deshalb sei Sightseeing auf amerikanische Weise empfohlen: mit dem Auto. Vier Stunden dauert diese Fahrt, wenn Sie sich die Zeit nehmen, für die Erinnerungsfotos auszusteigen, anstatt sie nur aus dem heruntergelassenen Fenster aufzunehmen.

Sie beginnen die Fahrt irgendwo im Zentrum, sollten Sie dort sowieso schon in einem Hotel sein. Wenn Sie San Francisco nur auf einer größeren Tour streifen und z. B. vom Flughafen kommen, nehmen Sie den Highway 101 North bis zur Ausfahrt „Cesar Chavez". Bald sind die kleinen Hinweisschilder zu sehen mit der weißen Möwe auf blauem Grund und der Aufschrift „49 Mile Scenic Drive". Es geht am **Embarcadero** vorbei mit Blick auf die **Bay Bridge** → S. 54. Von dort fahren Sie die zentrale **Market Street** → S. 57 entlang, vorbei am Visitor Information Center und der **City Hall** → S. 55. Jetzt wird es hügelig, nach dem Bogen um das Japan Center geht es zum eleganten **Nob Hill** und von dort ins Herz von **Chinatown**. Die Grant Avenue hinab führt die Route durch das italienische Viertel **North Beach**. Bei **Fisherman's Wharf** → S. 43 sind Sie wieder auf Höhe des Meeresspiegels.

Kurztrip nach Japan gefällig? Der Japanese Tea Garden mitten im Golden Gate Park

Dann fahren Sie um **Fort Mason → S. 34** herum, an den Yachthäfen vorbei und zum **Exploratorium → S. 104** mit dem **Palace of Fine Arts → S. 35** – eine gute Stelle für Kulturbeflissene, eine noch bessere an der Geheimnissen der Wissenschaften Interessierte, um einmal auszusteigen. Durch den **Presidio → S. 32** geht es hindurch zum **Fort Point → S. 29**. Ein unerlässlicher Stopp, weil Sie sich hier unmittelbar unter der **Golden Gate Bridge → S. 29** befinden.

Weiter fahren Sie durch den Presidio, jetzt auf der Seite des offenen Pazifiks mit ersten Ausblicken auf den großen Ozean. Ganz nahe an den **Seal Rocks** und dem ☼ **Cliff House → S. 28** (schöner Lunchstopp) vorbei fahren Sie dann südlich auf dem Great Highway, unter Ihnen die tosende See, wo sich Seehunde und Seelöwen auf den Felsen sonnen. Sie umrunden den Lake Merced. Die Parks, in denen er liegt, sind voller Golfplätze. Nördlich den Sunset Boulevard hinauf geht es zum wohl interessantesten Teil der Rundfahrt direkt in den **Golden Gate Park → S. 40**. Hier bieten sich viele schöne Stellen zum Anhalten: am **Japanese Tea Garden → S. 41**, am **De Young Museum → S. 40**, an der **California Academy of Sciences → S. 38** sowie an der **National Aids Memorial Grove**, dem Park zum Andenken an alle Aidsopfer.

In einem großen Bogen nach Süden nähern Sie sich den ☼ **Twin Peaks → S. 43**. Für die Freunde einer schönen Aussicht sicher ein Höhepunkt. Von dem Doppelhügel geht es hinab mit vielen Ausblicken auf die Stadt. Von der 14th Street biegen Sie für eine letzte südliche Strecke in die Dolores Street ein, um für einen ebenfalls letzten Halt an der **Mission Dolores → S. 42** auszusteigen. Diese spanische Missionskirche ist die nördlichste in einer Reihe, die sich von der mexikanischen Grenze jeweils in Ta-

gesrittentfernung bis hierher zieht. Am Ende der Dolores Street, die Sie durch die Latinoviertel bringt, stoßen Sie wieder auf den Cesar Chavez, der alsbald den Highway 101 kreuzt. Zurück in die Stadt geht es aber noch etwas besser auf dem Highway 280, der ins Viertel **South Beach** führt, das an die Gegend **South of Market** angrenzt.

Hier sollten Sie den Wagen wieder abgeben oder zumindest parken. Im Zentrum sind Sie weit besser zu Fuß, mit Taxis oder öffentlichen Verkehrsmitteln unterwegs. Wenn Sie mögen, können Sie den Abend auch gleich im SoMa ausklingen lassen. Das Restaurant *Lulu (tgl. | 816 Folsom St./Ecke 4th St. | €€)* bietet in amerikanischer Mittelmeerkulisse genau das richtige Ambiente zum Entspannen.

3 **DER NORDWESTEN – PAZIFIK, REICHTUM & HISTORISCHES**

Die etwa 6 km lange Wanderung entlang des Lands End Trail bis zur Golden Gate Bridge ist nicht besonders anstrengend und zu jeder Jahreszeit ein Genuss. Nehmen Sie für die 2–3 Stunden lange Tour festes Schuhwerk und genug Wasser mit.

Los geht's an der Kreuzung von **Point Lobos** und **48th Avenue** *(127 B5)* *(ʘ A6)*, die Sie am besten per Bus erreichen *(Muni 38 – Geary)*. In Meeresrichtung rechts an der Point Lobos Avenue befindet sich ein großer Parkplatz, an dessen Nordende ein empfehlenswerter Pfad für einen Abstecher zu den Ruinen der **Sutro Baths** führt. Falls Ihnen der Magen knurrt oder Sie sich ein Sandwich für unterwegs besorgen wollen: unmittelbar neben beziehungsweise über den Sutro Baths befinden sich das **Cliff House → S. 28** mit Lokal bzw. das Restaurant *Louis'*. Zurück zum Parkplatz: An dessen Nordende beginnt ein Wanderweg, der

Legion of Honor: Kunsttempel mit würdigem Rahmen

in einem Bogen durch San Franciscos Reichenviertel **Sea Cliff** mit seinen exorbitant teuren Villen windet. Weiter nach Norden, bis die Straße mit der Sea Cliff Avenue fusioniert, die alsbald nach rechts abknickt. Biegen Sie links in die 25th Avenue ein – eine Sackgasse, von deren rechten Seite es hinunter zum **Baker Beach → S. 28** geht, mit spektakulären Blicken auf die **Golden Gate Bridge** und die **Marin Headlands**.

An der **Battery Chamberlain** – eine von insgesamt 17 Kanonenbatterien, die zwischen 1891 und 1946 in Fort Scott installiert wurden – folgen Sie dem Strandpfad und schlagen sich zum Lincoln Boulevard durch, den Sie in nördlicher Richtung entlanglaufen, bis Sie nach einem Zebrastreifen wieder einem Pfad in Richtung Küste folgen. Vorbei an der Battery Crosby, dem Marshall Beach, der Battery Boutelle und der Battery Cranston erreichen Sie schließlich das Südende der **Golden Gate Bridge → S. 29**. Von hier bringt Sie der Muni-Bus 28 wieder zurück zum **Fisherman's Wharf → S. 43**.

4 EIN GANG DURCH SAUSALITO UND TIBURON

   Per Auto und Fahrrad über die Golden Gate Bridge (erste Ausfahrt nach der Brücke rechts ab) oder mit der Fähre direkt übers Wasser geht's auf die andere Seite der Bucht nach Sausalito oder Tiburon. Wer auf dem Weg in den Norden etwas über die neuere Geschichte lernen will, macht einen Abstecher nach Angel Island. Die Fähren der *Blue & Gold Fleet (www.blueandgoldfleet.com)* 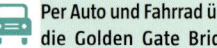 ab Pier 41 bieten Hin- und Rückfahrten nach Angel Island *($ 16)*, Sausalito *($ 21)* und Tiburon *($ 21)* an.

In den Nobelvorstädten scheint auch dann die Sonne, wenn San Francisco vom

in einem Bogen auf den **Lands End Trail** führt, über den man vor über 120 Jahren für fünf Cent mit einem Zug aus der und in die Stadt reiste.

Lassen Sie die Abzweigungen nach rechts links liegen, es sei denn, Sie wollen die Stufen zum **Palace of the Legion of Honor → S. 31** hinauf- und wieder hinabsteigen. Richtig nah ans Wasser geht es über den ausgeschilderten Weg zum Mile Rock Beach auf der linken Seite, von dem ein Pfad zum Aussichtspunkt **Eagle Point** und einem dort angelegten Labyrinth führt. Bei Ebbe sehen Sie im Wasser übrigens zahlreiche Schiffswracks aus den 1920er und 30er-Jahren.

Schließlich stößt der **Lands End Trail** auf den **El Camino Del Mar**, der sich

Nebel bedeckt ist. Das inspiriert die Bewohner beider Städtchen zu kreativen Großtaten: In Galerien und Boutiquen finden Sie etliche lokal gefertigte Kunststücke.

Das Mitte des 19. Jhs. gegründete Städtchen **Sausalito** lockt entlang seiner Hauptstraße, dem Bridgeway, mit Boutiques, Cafés und guten Restaurants, etwa dem **INSIDER TIPP** ▶ *Le Garage (tgl. | 85 Liberty Ship Way, Suite 109 | Tel. 3 32 56 25 | €€)*, einem kultigen französischen Bistro in einer ausgebauten Garage (!). Kurz vor der Kreuzung von Bridgeway und Highway 101 finden Sie auf der rechten Seite die weltberühmten Hausbootsiedlungen von Sausalito, die sich Künstler in den 1960er-Jahren errichteten.

Tiburon ist noch eine Spur schicker als Sausalito – dafür ist die Innenstadt deutlich übersichtlicher. Viele Besucher leihen sich ein Fahrrad und genießen nach der Tour über die Golden Gate Bridge und durch Sausalito ein Abendessen in Sam's Anchor Café *(tgl. | 27 Main St. | Tel. 4 35 45 27 | €€)* oder im hervorragenden mexikanischen Restaurant Guaymas *(tgl. | 5 Main St. | Tel. 4 35 63 00 | €€)*.

Wenn Sie noch Zeit und Lust haben, sollten Sie von Tiburon in die Angel-Island-Fähre einsteigen. Das 3 km² große **Angel Island** war im letzten Jahrhundert so etwas wie das Ellis Island des Westens: Zwischen 1910 und 1940 machten rund eine Million Einwanderer, vorwiegend aus Asien, vor dem Betreten der USA Station. Heute ist die Insel Parkland, das mit tollen Aussichten, einem kleinen Strand, Grillplätzen und einem Wanderweg zum gerade mal 240 m hohen **Mount Livermore** an warmen Tagen jede Menge Besucher anlockt. An klaren Tagen sehen Sie von dort oben nicht nur die Skyline von San Francisco, sondern auch den **Mount Tamalpais** und Teile von **Marin County**. Doch bringen Sie Verpflegung mit, es gibt keine Restaurants oder Imbissbuden.

Einmal über die Golden Gate Bridge, und schon sind Sie im Künstlerstädtchen Sausalito

MIT KINDERN UNTERWEGS

Schiffe, Seelöwen und Straßenkünstler, eine Fahrt im Cable Car, ein Einkaufstrip in den Spielzeugladen – damit kann man Kinder schon einen ganzen Tag beschäftigen. Hier noch ein paar weitere, auch für Erwachsene spannende Aktivitäten.

INSIDER TIPP EXPLORATORIUM
(126 C2) (ⓜ J2)

In dem von genial-verrückten Wissenschaftlern eingerichteten interaktiven Museum dürfen Sie alles anfassen und ausprobieren, rund 700 Ausstellungsstücke sind dazu da, erlebt zu werden. Im *Tactile Dome ($ 20)* müssen Sie in völliger Dunkelheit Ihren Weg durch ein Labyrinth finden. *Di–So 10–17 Uhr | Eintritt $ 10–15 | 3601 Lyon St./Ecke Marina Blvd. | www.exploratorium.edu | Muni 30 – Stockton*

FARALLONES VISITOR CENTER
(126 A2) (ⓜ G2)

Westlich der Stadt liegt der Pazifik – und darin das *Gulf of the Farallones National Marine Sanctuary,* ein rund 3000 km² großes Wasserschutzgebiet. In seinem Zentrum: die Farallon-Inseln, auf denen mehr Seevögel brüten als irgendwo sonst auf dem US-Festland. Über 36 Meeressäugetierarten leben dort, darunter bedrohte Spezies wie Blau- und Buckelwal. Das Besucherzentrum an der Westseite des Crissy Field verspricht Spaß für Jung und Alt: Hier dürfen Sie im Sand nach Haifischzähnen suchen, das Fell eines Seeotters streicheln und eine Seeanemone füttern. *Mo–Fr 10–16 Uhr | Eintritt frei | Crissy Field, Building 991 | www.farallones.org | Muni 29 – Sunset*

INSIDER TIPP GOLDEN GATE FORTUNE COOKIE COMPANY ● (128 C3) (ⓜ P4)

In dieser Fabrik, die nur einen Raum füllt, werden Sie in ein besonderes Geheimnis von Chinatown eingeweiht: in die Herstellung von Glückskeksen. Und wo Sie schon hier sind, können Sie vielleicht auch gleich dem geigenden Friseur nebenan lauschen. *Tgl. 8–20 Uhr | Eintritt frei, $ 0,50 pro Foto | 56 Ross Alley | Muni 30 – Stockton*

SAN FRANCISCO ZOO ⌖
(136 A3) (ⓜ O)

In Nordkaliforniens größtem zoologischen Garten an der Westseite der Stadt leben 250 verschiedene Tierarten. Für $ 3 gibt es einen Schlüssel, der an vielen Gehegen mehrsprachige Geschichten und Wissenswertes über die Bewohner aktiviert – auch um Besucher dazu an-

Die San Franciscans verstehen es, Kunst und Kultur kindgerecht und mit viel Spaß zu präsentieren

zuregen, Tierschützer und -bewahrer zu werden. Schön: eine Fahrt mit dem nostalgischen *Dentzel Carousel ($2)* und dem *Little Puffer Miniature Steam Train ($4)*. Tgl. 10–17 Uhr | Eintritt $ 9 bzw. $ 15, mit Muni-Fahrkarte $ 1 Rabatt | 1 Zoo Road | www.sfzoo.org | Muni L – Taraval

INSIDER TIPP ▶ YODA FOUNTAIN ☺
(126 C3) (*M* J3)

Im Presidio hat Star-Wars-Erfinder George Lucas mit drei Firmen Stellung bezogen. Den Eingang schmückt ein Springbrunnen mit einer Figur des weisen Meister Yoda. Die Lobby dahinter ist wie der Park um das Anwesen für die Öffentlichkeit geöffnet – hier finden kleine wie große Kinder Filmdevotionalien und lebensgroße Figuren, etwa von Darth Vader und Boba Fett. Kamera nicht vergessen! Das *Letterman Digital Arts Center* erhielt aufgrund seiner energiesparenden Maßnahmen eine Auszeichnung vom *US Green Building Council*. Tgl. | Eintritt frei | 1 Letterman Dr. | Muni 28 – 19th Avenue

YOUNG PERFORMERS THEATRE
(128 A1) (*M* M2)

Sind Sie mit Kindern unterwegs, die etwas Englisch sprechen? Wie wäre dann ein Besuch im Kindertheater? Das Theater produziert etwa acht Stücke pro Jahr, darunter Klassiker wie *Aschenputtel* und *Charlie und die Schokoladenfabrik*. Eintritt $ 7 bzw. $ 10 | Fort Mason Center, Building C, Room 300 | Tel. 3 46 55 50 | www.ypt.org | Muni 30 – Stockton

ZEUM (129 D5) (*M* Q6)

Im interaktiven Multimedia- und Technikzentrum werden Kreativität, Kooperations- und Kommunikationsfähigkeit aller Besucher ab drei Jahren angestachelt: Mit selbst gemachten Musikvideos, Animationsfilmen, Collagen und vielem mehr ziehen die Macher des Zeum alle Register, um Jugendliche und Eltern gleichermaßen zu begeistern – großartig! Mi–Fr 13–17, Sa/So 11–17 Uhr | Eintritt $ 8 bzw. $ 10 | 221 4th St. | www.zeum.org | Muni 30 – Stockton

EVENTS, FESTE & MEHR

In einer hedonistischen Stadt wie San Francisco, in der einem ständig *have fun!* zugerufen wird, ist es schwer, einen Tag zu finden, an dem nichts los ist. Nachfolgend eine Auflistung der besten Veranstaltungen und Feste. Eine ausführliche Liste zu den Aktivitäten des jeweiligen Monats finden Sie im Web unter *www.sfvisitor.org*. Informationen auch auf Deutsch unter *Tel. 3 91 20 04.*

FEIERTAGE

1. Jan. *New Year's Day* (Neujahr); **3. Montag im Jan.** *Martin Luther King Jr. Day;* **3. Montag im Feb.** *President's Day*; **letzter Montag im Mai** *Memorial Day*; **4. Juli** *Independence Day*; **1. Montag im Sept.** *Labor Day* (Tag der Arbeit); **2. Montag im Okt.** *Columbus Day;* **11. Nov.** *Veteran's Day;* **4. Donnerstag im Nov.** *Thanksgiving Day* (Erntedankfest); **24./25. Dez.** *Christmas*

VERANSTALTUNGEN

JANUAR
▶ *Berlin and Beyond:* deutsche Filme mit amerikanischen Untertiteln im grandiosen Castro-Theater. *www.goethe.de/sanfrancisco*

FEBRUAR
▶ *Chinesisches Neujahrsfest:* eine Riesenparade in Chinatown mit tanzenden Drachen, Kapellen, Schönheitsköniginnen und ganz viel Feuerwerk. *www.chineseparade.com*

MÄRZ
Am 17. März ist ▶ *St. Patrick's Day*, der Nationalfeiertag der Iren: grün gefärbtes Bier und Parade auf der Market Street. *www.sfstpatricksdayparade.com*

APRIL
▶ *Kirschblütenfest:* Mitte April wird das sonst eher schnöde Japantown in Pastellfarben getaucht und mit Paraden und Kunst verschönert.
▶ *San Francisco International Film Festival:* kommerzielle und avantgardistische Neuproduktionen. *www.sffs.org*

MAI
▶ *Cinco de Mayo:* Der Mission District feiert am 5. Mai den Tag der Unabhängigkeit Mexikos.
Am 3. Sonntag: Beim ▶ *Bay-to-Breakers* laufen rund 100 000 Teilnehmer 12,5 km vom Embarcadero zum Pazifik – viele in Kostümen, einige sogar nackt. *www.baytobreakers.com*

Anlässe zum Feiern gibt es viele: Gay Parade, Jazz-Festival, junge Kunst und ein Wettlauf der Kostüme

JUNI

▶ ⭐ *Lesbian and Gay Freedom Day:* eine Institution in San Francisco, der farbenfrohe Umzug beginnt am Ferry Building und führt zur City Hall.

JULI

Mitte Juli ▶ **INSIDER TIPP** ▶ *Cable Car Bell-Ringing Competition:* Am Union Square wird der beste Ein-Ton-Melodien-Läuter gekürt. *www.sfmta.com*

▶ *San Francisco Marathon:* atemraubende 42 195 m mit Läufern aus aller Welt. *www.thesfmarathon.com*

AUGUST

▶ *AfroSolo Arts Festival:* In verschiedenen Galerien, Museen und Bühnen der Stadt stellen lokale Künstler aus. *www.afrosolo.org*

▶ **INSIDER TIPP** ▶ *Nihonmachi Street Fair:* Gefeiert wird mit authentischen Speisen, Musik und einer Misswahl beim Straßenfest in Japantown. *www.nihonmachistreetfair.org*

SEPTEMBER

▶ *Folsom Street Fair:* nicht für jeden Geschmack, aber typisch für San Francisco – viel Leder und nackte Haut im SoMa. *www.folsomstreetfair.com*

▶ *San Francisco Blues Festival:* Das älteste Bluesfestival in Amerika findet in Fort Mason statt. *www.sfblues.com*

OKTOBER

▶ *Columbus Day:* Anfang Oktober startet eine große *italienische Parade* mit Speis und Trank. *www.sfcolumbusday.org*

▶ *Jazz Festival:* ein Muss für alle Jazzfans vom September bis November (ganzjährig Extrakonzerte). *www.sfjazz.com*

▶ **INSIDER TIPP** ▶ *Fleet Week:* ein buntes Spektakel mit Navy-Schiffstouren und den weltberühmten *Blue Angels*-Kunstfliegern. *www.fleetweek.us*

NOVEMBER

An vielen Orten Weihnachtsbaumlichter-Entzünden, der größte Baum steht am Union Square. *www.unionsquare.com*

ICH WAR SCHON DA!

Drei User aus der MARCO POLO Community verraten ihre Lieblingsplätze und ihre schönsten Erlebnisse

UNTERWEGS PER GOCAR

Bequemer kann man San Francisco wohl nicht erkunden, als mit einem der kleinen, gelben GoCars *(www.gocartours.com)*. Der GPS-gesteuerte Zweisitzer führt einen gezielt durch die Stadt und „erzählt" einem alles zu deren Sehenswürdigkeiten. Allein schon um zu den Twin Peaks (wo auch das Foto entstanden ist) hochzukommen, hat sich die Fahrt gelohnt, das wäre zu Fuß definitiv zu weit und anstrengend gewesen. Die Tour kann jederzeit für eine Kaffeepause oder einen Fotostopp unterbrochen werden, was die Tour meiner Meinung nach individuell macht. **nauti aus Grevenbroich**

SAMOVAR TEA LOUNGE

Während unserer Tour durch Haight-Ashbury sind wir im Castro-Viertel auf einen tollen Teeladen in der Sanchez Street gestoßen. Die im asiatischen Stil gehaltene Samovar Tea Lounge hat gemütliche Sitzecken und eine super Teeauswahl. Die Bedienung hat uns über Geschmack und Herkunft der Tees aufgeklärt. **huckleberry aus Nieder-Olm**

WIPEOUT BAR & GRILL

Vor der Überfahrt nach Alcatraz wollten wir noch schnell etwas am Fisherman's Wharf essen gehen und sind im Wipeout Bar & Grill (Pier 39) gelandet. Lässiger Laden im Surfer-Style mit total leckerem amerikanischem Barfood. Ich habe die Fisch-Tacos gegessen – auch die Burger waren gut. **Traveller2000 aus Stuttgart**

Haben auch Sie etwas Besonderes erlebt oder einen Lieblingsplatz gefunden? Schreiben Sie an unsere SMS-Hotline 0163 6 39 50 20 oder an info@marcopolo.de

LINKS, BLOGS, APPS & MORE

LINKS

▶ www.7x7.com Web-Ausgabe des Hochglanzkultur- und zzenemagazins 7x7, die tagesaktuell über neue Restaurants, Bars und kulturelle Events berichtet

▶ www.onlyinsanfrancisco.com/calendar Was läuft wann und wo? Das verrät das Fremdenverkehrsbüro, sogar nach Stadtvierteln sortiert

▶ www.sfmuseum.org Virtuelles Stadtmuseum mit vielen Ausstellungen, etwa zum Goldrausch von 1849 und der Geschichte der Rockmusik in der Bay Area

▶ www.marcopolo.de/sanfrancisco Interaktive Karten inklusive Planungsfunktion, Impressionen aus der Community, aktuelle News und Angebote ...

▶ www.baycitizen.org Unabhängige Web-Zeitung, in der seit 2010 preisgekrönte Journalisten über die Bay Area berichten, ohne ein Blatt vor den Mund zu nehmen

BLOGS & FOREN

▶ www.twitter.com/michaelbauer1 und insidescoopsf.sfgate.com San Franciscos bekannter Restaurantkritiker Michael Bauer testet Neuheiten und Klassiker

▶ www.pacoandbetty.com/blog Das Fotografenehepaar Whitney und Marcellos Parker lichtet Menschen und Tiere vor tollen Stadtkulissen ab

▶ sf.streetsblog.org und bikescape.blogspot.com Was geht ab auf San Franciscos Straßen und Radwegen?

▶ www.twitter.com/austinat Der Autor dieses Reiseführers twittert in Wort und Bild über Land und Leute

APPS

▶ San Franciscans lieben ihr iPhone fast so sehr wie den öffentlichen Nahverkehr. Da helfen die Apps von BART und Caltrain. Und Routesy kombiniert sogar die Linien gleich mehrerer Verkehrsbetriebe

Egal, ob Sie sich vorbereiten auf Ihre Reise oder vor Ort sind: Mit diesen Adressen finden Sie noch mehr Informationen, Videos und Netzwerke, die Ihren Urlaub bereichern. Da manche Adressen extrem lang sind, führt Sie der kürzere mp.marcopolo.de-Code direkt auf die beschriebenen Websites

APPS

▶ Wo gibt es den nächsten In-N-Out-Burger? Die gleichnamige App für iPhone- und Android-Besitzer verrät es. Und wer wissen will, welche Restaurants, Bars und Geschäfte sich in unmittelbarer Nähe befinden, konsultiert die ungemein praktische Yelp-App

▶ Marco Polo CityGuide San Francisco leitet auch ohne Internet-Verbindung, Printführer und Stadtplan zuverlässig durch den Großstadtdschungel. Sortiert nach den bewährten Kategorien Sehenswertes, Essen & Trinken, Übernachten, Am Abend und mehr

VIDEOS & PODCASTS

▶ mp.marcopolo.de/sfc1 und mp.marcopolo.de/sfc2 Eine faszinierende Fahrt entlang der Market Street der Jahre 1905 und 2005

▶ sanfranciscopoetry.blip.tv John Rhodes und Clara Hsu präsentieren lokale Autoren und Musiker im San Francisco Open Mic Poetry Podcast

▶ mp.marcopolo.de/sfc3 Philip Bloom nutzte in „San Francisco's People" als einer der ersten Fotografen die Spiegelreflex- als Filmkamera

▶ www.youtube.com/user/SamCrayne Der Fotograf Sam Crayne verleiht mit seiner Kamera Alltagsabenteuern in San Francisco einen zauberhaften Charme

▶ www.thebaybridged.com/podcasts Alle News zur bunten Musikszene San Franciscos

NETWORK

▶ sfbay.craigslist.org Egal, ob Sie nach einer Mitfahrgelegenheit, einem Platz zur Untermiete, Kleidungsstücken oder Hausrat suchen – auf Craigslist finden Sie alles

▶ www.yelp.com In San Francisco begann der Siegeszug der Yelper: ganz normalen Menschen, die 24 Stunden am Tag mal lustige, mal böse Kritiken über Geschäfte wie Friseursalons, Coffee-Shops und Restaurants verfassen

▶ www.airbnb.com Einmal in einem viktorianischen Haus oder einem minimalistischen Loft übernachten? Zahlreiche San Franciscans lassen Sie für ein paar Dollar bei sich wohnen – oft gibt's eine komplette Wohnung für unter $100.

PRAKTISCHE HINWEISE

ANREISE & ANKUNFT

Linienflüge aus dem Ausland und Charterflüge landen auf dem *San Francisco International Airport (SFO)* 25 km südlich von Downtown. Sie haben mehrere Möglichkeiten, in die Innenstadt zu gelangen.

Busse: Die *Super Shuttle* fahren etwa alle 20 Min. rund um die Uhr in die Innenstadt und halten dort an jedem gewünschten Ziel. Das kann jedoch dauern, weil bis zu neun Personen an Bord sein können. Preis: $17. Der öffentliche *Sam-Trans-Bus* hat Verbindung zum Transbay Terminal an der Ecke Howard und Main St. in Downtown: die Route KX. Jedoch ist nur Handgepäck erlaubt. Preis: $5 bzw. $2,50.

Taxis: Der Fahrpreis nach Downtown beträgt circa $40.

Leihwagen: Die *Blue Line* des vollautomatischen, kostenlosen *AirTrains* bringt Sie 24 Stunden am Tag in 15 Minuten vom Terminal zum Leihwagenzentrum.

Bart-Schnellbahn: Auch die Bahn verbindet den Flughafen mit der Innenstadt. Für derzeit rund $8,10 kommen Sie vom Terminal direkt in die Innenstadt. Aktuelle Fahrpläne und iPhone-App unter: *www.bart.gov.*

Die Fernverkehrsbusse von *Greyhound/Trailways* kommen am Transbay Terminal an der Ecke Howard und Main St. an.

Von Süden: Auf US Highway 101 oder Interstate I-280, auf I-5 zur I-580 und I-80, auf Route 1 direkt. Von Osten: I-580 oder I-80 zur Bay Bridge. Von Norden: Auf US 101 zur Golden Gate Bridge.

GRÜN & FAIR REISEN

Auf Reisen können auch Sie mit einfachen Mitteln viel bewirken. Behalten Sie nicht nur die CO_2-Bilanz für Hin- und Rückflug im Hinterkopf *(www.atmosfair.de)*, sondern achten und schützen Sie auch nachhaltig Natur und Kultur im Reiseland *(www. gate-tourismus.de; www.zukunft-reisen.de; www.ecotrans.de)*. Gerade als Tourist ist es wichtig, auf Aspekte zu achten wie Naturschutz *(www. nabu.de; www.wwf.de)*, regionale Produkte, Fahrradfahren (statt Autofahren), Wassersparen und vieles mehr. Wenn Sie mehr über ökologischen Tourismus erfahren wollen: europaweit *www.oete.de*; weltweit *www.germanwatch.org*

AUSKUNFT VOR DER REISE

DISCOVER AMERICA
Die offizielle Reise- und Tourismus-Website der USA lässt fast keine Fragen offen, interaktive Karten inklusive: *www. discoveramerica.com/de.*

AUSKUNFT VOR ORT

SAN FRANCISCO CONVENTION & VISITORS BUREAU
(128 C5) (*P6*) Das Büro befindet sich auf der unteren Ebene der Hallidie Plaza an der Ecke Powell St. und Market St. *(900 | Market St. | San Francisco, CA 94102 | Tel. 3 91 20 00 | www.sfvisitor.org).*

Von Anreise bis Zoll

Urlaub von Anfang bis Ende: die wichtigsten Adressen und Informationen für Ihre San-Francisco-Reise

VISIT USA COMMITTEE GERMANY E.V.

Ein nichtstaatlicher Zusammenschluss von Reise- und Fremdenverkehrsexperten, der auf seiner Website *www. vusa-germany.de* zahlreiche Kontaktinformationen von Fluglinien, Hotelketten, Reiseveranstaltern, Mietwagenanbietern, US-Bundesstaaten, -Regionen und -Städten sowie aktuelle Einreisebestimmungen aufführt.

AUTO

Autoverleiher sind am Flughafen und mit mehreren Büros in der Stadt vertreten. Sie benötigen Führerschein und Kreditkarte. Auch wer mit Voucher bezahlt, muss eine Kreditkarte als Sicherheit hinterlegen. Verkehrsregeln: Anschnallpflicht. Die Promillegrenze liegt bei 0,8. Bei Rot darf nach einem Stopp vor der Ampel rechts abgebogen werden. Cable Cars haben immer Vorfahrt, Fußgänger auch.

An Bushaltestellen und Hydranten ist das Parken streng verboten. Den Rest regeln farbige Markierungen am Bordstein. Rot: Halteverbot. Gelb: Ladezone. Gelb und Schwarz: Ladezone nur für Lkw. Grün: 10 Min. Parken. Weiß: 5 Min. Parken während der Geschäftszeit. Weil die ohnehin schon hohen Parkgebühren stetig ansteigen, akzeptieren viele Parkuhren inzwischen Kreditkarten.

Hotels verlangen fürs Parken oft bis zu $40, $50 pro Nacht – hier lohnt es sich, selbst nach bewachten Parkplätzen oder einem Parkplatz auf der Straße zu fahnden. Eine Hilfe kann *sanfrancisco. bestparking.com* sein. Obacht: Steht Ihr Fahrzeug in Stoßzeiten dem Bus oder einer frühmorgendlichen Straßenreinigung im Weg, drohen Strafzettel bzw. Abschleppwagen. Schilder am Straßenrand beachten!

WAS KOSTET WIE VIEL?

Snack	**5,50 Euro** *für ein Sandwich*
Wein	**5–7 Euro** *für ein Glas*
Caffè Latte	**2,80 Euro** *für einen mittelgroßen Becher*
Postkarte	**0,90 Euro** *für Postkarte und Porto*
Jeans	**30–35 Euro** *für eine Levi's 501*
Cable Car	**4,30 Euro** *für eine einfache Fahrt*

DIPLOMATISCHE VERTRETUNGEN

DEUTSCHES GENERALKONSULAT

(128 B3) (🗺 M4) | *1960 Jackson St. | Tel. 7 75 10 61 | www.germany.info/Vertretung/usa/de/03__Konsulate/San__Francisco/00/__Start.html*

ÖSTERREICHISCHES KONSULAT

(129 D4) (🗺 P4) | *580 California St., Suite 1500 | Tel. 7 65 95 76 | www.austrianconsulatesf.org*

SCHWEIZERISCHES GENERALKONSULAT

(129 D4) (🗺 Q4) | *456 Montgomery St., Suite 1500 | Tel. 7 88 22 72 | www.eda.admin.ch/sf*

EINREISE

Einreisende brauchen einen maschinen-lesbaren Pass (auch Minderjährige) und müssen sich vor der Einreise online registrieren: *https://esta.cbp.dhs.gov*. Dabei wird eine Einreisegebühr von $14 fällig, die nur mit Kreditkarte bezahlt werden kann. Wer keine Kreditkarte besitzt, kann die Gebühr auch von Dritten bezahlen lassen. Bleiben Sie mehr als drei Monate, ist ein Visum erforderlich. Informieren Sie sich unbedingt über den aktuellen Stand der Einreisebestimmungen, so im Internet unter *www.dhs.gov*.

WÄHRUNGSRECHNER

€	USD	USD	€
1	1,40	1	0,72
2	2,80	2	1,45
3	4,20	3	2,15
5	7,00	5	3,60
7	9,80	7	5,05
10	14,00	10	7,20
25	35,00	25	18,00
75	105,00	75	54,00
100	140,00	100	72,00

GELD

1 Dollar = 100 Cent. Scheine *(bills)* gibt's in den Werten 1, 2, 5, 10, 20, 100 Dollar. Münzen *(coins)* in den Werten: *penny* (1 Cent), *nickel* (5 Cent), *dime* (10 Cent), *quarter* (25 Cent), *buck* (1 Dollar). Populärstes Zahlungsmittel: Kreditkarten (American Express, Mastercard, Visa). Ebenfalls möglich: Bargeldabhebung vom Geldautomaten per EC-Karte. Wer ein Konto bei der Deutschen Bank hat, kann mit seiner Girobankkarte an allen Bankautomaten der Bank of America ohne Aufschlag Geld abheben. Traveller-cheques als Zahlungsmittel werden überall akzeptiert, und man bekommt Bares als Wechselgeld zurück. Europäisches Bargeld wird am Flughafen, in Hotels und in großen Banken gewechselt, aber zu schlechtem Kurs. Viele kleinere Läden akzeptieren keine Geldscheine über $ 20. Also klein tauschen!

GESUNDHEIT

Saint Francis Memorial Hospital *(900 Hyde St. | Tel. 3 53 60 00)*, San Francisco Medical Society *(Tel. 5 610 8 50)*, um auch deutschsprachige Ärzte bzw. San Francisco Dental Society *(Tel. 9 28 73 37)*, um Zahnärzte zu erfragen.

Die Notaufnahmeabteilungen der Krankenhäuser, mit *Emergency Room* außen deutlich beschildert, helfen bei akuten Notfällen weiter. Übliche Praxis: Das Personal verlangt vor der Behandlung eine Kreditkarte. Die meisten akzeptieren Mastercard und Visa. Schließen Sie aber in jedem Fall eine Reisekrankenversicherung ab.

INTERNETCAFÉS & WLAN

San Francisco gilt als die amerikanische Internethauptstadt – eine kostenlose WLAN-Internetanbindung für die ganze Stadt kommt nicht richtig in die Gänge. Dafür ist der Internetzugang im Flughafen und den allermeisten Cafés kostenlos. Hotels kassieren oft noch eine Tagesgebühr. Wer sich die sparen will, sollte im *Apple Store (1 Stockton St.)* oder an den Terminals der *Public Library (100 | Larkin St.)* online gehen. Die beliebtesten Internetcafés der Stadt mit Gratis-WLAN:

– *The Quetzal*, eigene Kaffeerösterei, leckeres Frühstück *(1234 Polk St.)*

– *@maximo's,* mehr Touristen, aber leckere Smoothies und Salate *(180 Seventh St.)*

– *Camille's Sidewalk Cafe,* gute Sandwiches und Wraps *(One Market Plaza, 30 Mission St.)*

MASSE & GEWICHTE

1 inch = 2,54 cm, 1 foot = 30,48 cm, 1 mile = 1,6 km, 1 acre = 0,4 ha, 1 gallon = 3,79 l, 1 pint = 0,47 l, 1 pound = 453,6 g

Faustregel zum Umrechnen der Temperaturen: °C = °F minus 30 geteilt durch 2. Das bedeutet: 0 °C = 32 °F, 10 °C = 50 °F, 20 °C = 68 °F, 30 °C = 86 °F, 40 °C = 104 °F

Bekleidung: Bei Damen entspricht US-Größe 4 der deutschen 34, 6 = 36, 8 = 38 etc., für Herren: 36 = 46, 38 = 48 etc.

NOTRUF

Notfälle aller Art: Tel. 911
Krankenwagen: Tel. 9 31 39 00
Polizei: Tel. 5 53 01 23
Oder: 0 für den Operator

ÖFFENTLICHE VERKEHRSMITTEL

San Francisco ist stolz auf sein gut ausgebautes Nahverkehrsnetz. Das System besteht aus vier Teilen:
Cable Car: Die Cable Cars fahren auf drei Routen: Powell–Hyde, Powell–Mason und California Street.
Muni Bus: Busse stellen das beste öffentliche Verkehrsmittel der Innenstadt dar. Fragen Sie den Busfahrer nach der geeigneten Haltestelle. Weiße Schrift auf schwarzem Grund auf dem Schild vorne am Bus: *Local Service* – hält an jeder Haltestelle. Rot auf Weiß: *Express* – nur zur Rushhour und hält nicht überall. Weiß auf Grün: *Limited* – hält nicht überall.
Muni Metro: Teils unterirdisch, teils oberirdisch verlaufende Straßenbahn, deren Linien zunächst alle die Market St. hinunterfahren, sich dann aber in Richtung Südwesten trennen. Sie sparen bares Geld mit einem **INSIDER TIPP** *Muni Pass,* der 1/3/7 Tage oder einen Monat gilt. Pässe gibt es in der Flughafen-Eingangshalle und vielen Verkaufsstellen *(Info: www.sfmta.com/cms/mfares/passvend. htm | Tel. 311 (nur in SF), 7 012 3 11).*
Bart: Eine Schnellbahn zwischen Daly City und Oakland, die San Francisco mit East Bay und dem Flughafen verbindet.

ÖFFNUNGSZEITEN

In San Francisco gibt es fast keine Einschränkungen der Öffnungszeiten, viele Geschäfte sind sogar an den wichtigsten offiziellen Feiertagen nicht geschlossen.

POST

Postämter haben Mo–Fr 9–17 Uhr geöffnet, größere auch Sa 8.30–12 Uhr. Das Porto für Luftpostbriefe und Postkarten nach Europa beträgt 98 Cent.

SICHERHEIT

Wie jede amerikanische Stadt hat San Francisco bestimmte Viertel und Straßenzüge, die Sie am besten meiden sollten. Sparen Sie sich einen Ausflug ins Tenderloin-Viertel nördlich des Civic Centers. Ebenfalls sollten Sie Teile des Western Addition zwischen Van Ness Avenue und Fillmore St. meiden. Dort befinden sich die *housing projects,* vergitterte Wohnanlagen, die immer wieder für sozialen Brennstoff in der Stadt sorgen.

STADTRUNDTOUREN

AUF ZWEI BIS SECHS RÄDERN

Die 3,5 Stunden lange Rundfahrt von *All San Francisco Tours ($ 46 | www.allsanfran*

ciscotours.com) bringt Sie zu den wichtigsten Attraktionen der Stadt. Eine „Hop-on-hop-off"-Tour in einem Doppeldeckerbus (*$28*) erlaubt Ihnen das Aussteigen und Erkunden im eigenen Tempo. Eine solche Tour mit einer zwei Tage gültigen Fahrkarte (*$39*) bietet auch *Extranomical Adventures (www.extranomical.com)* an.

Ausgefallen: die sechsrädrigen Amphibienfahrzeuge von *Ride the Ducks ($32 | san francisco.ridetheducks.com),* von denen aus Sie North Beach, Downtown und Fisherman's Wharf zu Lande und zu Wasser erkunden. Persönlich geht es bei INSIDERTIPP *Mr. Toads Tours (www.mrtoadstours.com)* zu – das Familienunternehmen setzt Oldtimer ein (*ab $36*). Wollen Sie selbst ans Steuer? Dann ist vielleicht ein dreirädriges *GoCar (www.gocartours.com | ab $49)* etwas für Sie. In grellgelben, straßentauglichen Cabrio-Blechkisten fahren ein oder zwei Personen GPS-geleitet sogar mit deutscher Ansage durch die Stadt. Wem vier oder drei Räder noch zuviel sind, stellt sich drei Stunden lang auf einen futuristischen *Segway-Roller ($70 | www.citysegway tours.com)* und macht damit die Gegend um Fisherman's Wharf und North Beach unsicher.

FÜR FUSSGÄNGER

Kostenlose Insider-Touren? Die ● *San Francisco City Guides* sind ortsansässige Stadtliebhaber, die Ihnen Art-déco-Gebäude in der Marina, Wandmalereien in der Mission oder Erdbebengeschichten in der Innenstadt vorstellen. Eine Anmeldung ist nicht erforderlich, aktuelle Tourinfos gibt's unter *www.sfcityguides.org.* Gleich zwei Spaziergänge widmen sich den viktorianischen Gebäuden der Stadt: Die *Haight-Ashbury Walking Tour ($20 | www.haightashburytour.com)* und der *Victorian Home Walk ($25 | www.victorian*

walk.com). Letztere führt Sie sogar in Stadtviertel, die für Tourbusse verboten sind.

Grusel und Geschichte kombinieren die *San Francisco Ghost Hunt ($20 | www.sfghosthunt.com),* bei der Sie in alten Hotels und vor viktorianischen Häusern auf Geisterjagd gehen. Die *SF Vampire Tour* auf dem Nob Hill (*$20 | www.sfvampire tour.com*) beruht zu 85 Prozent auf Fakten, was hinter den restlichen 15 Prozent steckt, müssen Sie selbst herausfinden.

STROM

Für amerikanische Steckdosen benötigen Sie einen Adapter. Zudem muss Ihr Gerät auf 110 Volt/60 Hertz umstellbar sein.

TAXI

Preise: *$3,10* Grundgebühr und *$2,25* für jede Meile. Die Fahrer erwarten ein Trinkgeld. *Telefonbestellungen Arrow Cab: Tel. 6 48 31 81 | Desoto Cab Co: Tel. 9 70 13 00 | Veteran's Cab: Tel. 5 52 13 00 | Yellow Cab: Tel. 3 33 33 33*

TELEFON & HANDY

Ortsgespräche kosten 50 Cent. Bei Ferngesprächen suchen Sie sich besser Telefone mit Kreditkartenbezahlung. Am günstigsten kommen Sie mit *prepaid phone cards* weg, die Sie in Drugstores, Tankstellen und Supermärkten bekommen. Bei Ferngesprächen wählen Sie: 1 + *area code* (dreistellige Vorwahl) + siebenstellige Nummer. Aus USA Vorwahl nach Deutschland: 01149, Österreich: 01143, Schweiz: 01141; danach die Ortsnetzkennzahl ohne 0 und die Nummer. Wenn Sie ein Triple-Band-Handy besitzen, das die amerikanische Frequenz (1900 MHz) unterstützt, sollten Sie sich eine *prepaid Globalsim SIM card* für Ihr

Handy kaufen. Das ist günstiger als die teuren Roaminggebühren deutscher Mobilfunkunternehmen.

Um die in diesem Band aufgeführten Telefonnummern von außerhalb der USA zu erreichen, wählen Sie die Vorwahlen für die USA und San Francisco: *001 415*, gefolgt von der siebenstelligen Nummer.

TRINKGELD

Alle Leute, die Dienstleistungen erbringen, leben fast ausschließlich von ihrem Trinkgeld *(tip)*: Barkeeper: $1 pro Drink, Hotelpagen: $ 2–5, Kellner: 15–20 Prozent, Portiers: mindestens $1 pro Gepäckstück, *Valets* (Autoparker): $ 1–2 für das Parken/Holen des Wagens, Zimmermädchen: $ 2–5 pro Tag.

ZEIT

San Francisco liegt in der *Pacific Time Zone:* mitteleuropäische Zeit −9 Stunden. Beginn und Ende der Sommerzeit variieren, derzeit reicht sie vom letzten März- bis zum ersten Novembersonntag.

ZOLL

Zollfrei bei US-Einreise: 1 l Alkohol über 22 Prozent, 200 Zigaretten und Geschenke bis zu $ 100. Einfuhrverbot herrscht für Gemüse, Obst, Fleisch und Milch.

In die EU zollfrei einführen dürfen Sie: 1 l Alkohol über 22 Prozent oder 2 l Wein, 200 Zigaretten, 50 g Parfüm oder 250 g Eau de Toilette und sonstige Waren im Wert von 430 Euro.

WETTER IN SAN FRANCISCO

	Jan.	Feb.	März	April	Mai	Juni	Juli	Aug.	Sept.	Okt.	Nov.	Dez.
Tagestemperaturen in °C	13	15	16	17	17	18	18	18	20	20	18	14
Nachttemperaturen in °C	7	8	9	10	11	12	12	12	13	12	10	8
Sonnenschein Stunden/Tag	5	7	8	9	10	11	9	8	9	8	6	5
Niederschlag Tage/Monat	8	8	7	4	2	1	0	0	0	2	7	8
Wassertemperaturen in °C	11	11	12	12	13	14	15	15	16	15	13	11

SPRACHFÜHRER ENGLISCH

AUSSPRACHE

Zur Erleichterung der Aussprache sind alle Begriffe und Wendungen mit einer einfachen Umschrift in eckigen Klammern versehen. Folgende Zeichen sind Sonderzeichen:

ө wie [s], gesprochen nur mit der Zungenspitze zwischen den Zähnen
ə nur angedeutetes „e" wie am Ende von „Bitte", immer ohne Betonung
' Betonung liegt auf der folgenden Silbe

AUF EINEN BLICK

Ja/Nein/Vielleicht	Yes [jess]/No [nou]/Maybe ['meybih]
Bitte/Danke	Please [plihs]/Thank you ['өänkju]
Entschuldige	Sorry [ssorri]
Entschuldigen Sie	Excuse me, please [iks'kjuhs mih, plihs]
Darf ich ...?	May I ...? [mey ai?]
Wie bitte?	Pardon? ['pahdn?]
Ich möchte .../	I'd like to ... [aid laik tu ...]/
Haben Sie ...?	Do you have ...? [dju häf ...?]
Wie viel kostet ...?	How much is ...? ['hau matsch is ...?]
Das gefällt mir/nicht	I love it [ai laf it]/I don't like it [ai dount laik it]
gut/schlecht	good [gud]/bad [bäd]
kaputt/funktioniert nicht	broken/doesn't work [broukən/dasnt wöək]
(zu) viel/wenig	(too) much [(tuh) matsch]/(too) little [(tuh) litl]
Hilfe!/Achtung!/Vorsicht!	Help!/Watch out!/Caution! [hälp][watsch aut][kahschn]
Krankenwagen/Notarzt	ambulance ['ämbjulənz]/paramedics [pärə'mediks]
Polizei/Feuerwehr	police [po'lihs]/fire department [faiə depahtment]
Gefahr/gefährlich	danger ['deyndschə]/dangerous ['deyndschərəs]

BEGRÜSSUNG UND ABSCHIED

Gute(n) Morgen/Tag/ Abend/Nacht	Good morning [gud 'moəning]/day [dey]/ evening ['ifning]/night! [nait]
Hallo/Auf Wiedersehen	Hi! [hai]/(Good) Bye [(gud) bai]
Tschüss	See you [ssih juh]
Ich heiße ...	I'm ... [aim ...]/My name is ... [mai 'näims ...]
Wie heißt du/heißen Sie?	What's your name? [wots joə 'näim?]
Ich komme aus ...	I'm from ... [aim from ...]

Do You speak Englisch?

„Sprichst du Englisch?" Dieser Sprachführer hilft Ihnen, die wichtigsten Wörter und Sätze auf Englisch zu sagen

DATUMS- UND ZEITANGABEN

Montag/Dienstag	Monday ['mandey]/Tuesday ['tjuhsdey]
Mittwoch/Donnerstag	Wednesday ['wensdey]/Thursday ['θöəsdey]
Freitag/Samstag	Friday ['fraidey]/Saturday ['ssätədey]
Sonntag/Feiertag	Sunday ['ssandey]/holiday ['holidey]
heute/morgen/	today [tə'dey]/tomorrow [tə'morou]/
gestern	yesterday ['jestədey]
Stunde/Minute	hour ['auə]/minute ['minit]
Tag/Nacht/Woche	day [dey]/night [nait]/week [wihk]
Wie viel Uhr ist es?	What time is it? [wət 'taim is it?]
Es ist drei Uhr	It's three o'clock [its θrih əklok]

UNTERWEGS

offen/geschlossen	open [oupən]/closed [klousd]
Eingang/Ausgang	entrance ['entrənts]/exit ['eksit]
Ankunft/Abflug	arrival [ə'raiwl]/departure [di'pahtschə]
Toiletten/Damen/Herren	restrooms ['restruhms]/ladies [leydihs]/men [men]
(kein) Trinkwasser	(no) drinking water [(nou) drinkin wohtə]
Wo ist ...?/Wo sind ...?	Where is ...? [weə is ...?]/Where are ...? [weə ah ...?]
links/rechts	left [läft]/right [rait]
geradeaus/zurück	straight ahead [sstreyt ə'hed]/back [bäk]
nah/weit	close [klous]/far [fah]
Taxi	Taxi [taksi]/cab [käb]
Bushaltestelle/Taxistand	bus stop [bass sstop]/cab stand [käb sständ]
Parkplatz/	parking lot ['pahkin lot]/
Parkhaus	parking garage ['pahkin ga'rahsch]
Stadtplan/Landkarte	city map ['ssiti mäp]/road map [roud mäp]
Bahnhof/Hafen	train station [treyn ssteyschn]/harbor ['hahbə]
Flughafen	airport ['eahpoət]
Fahrplan/Fahrschein	timetable [taimteybl]/ticket ['tiket]
Zuschlag	additional fare [ə'dischənəl fəah]
einfach/hin und zurück	one way [wan wey]/round trip [raund trip]
Ich möchte ... mieten	I want to rent ... [ai wont tu rent ...]
ein Auto/ein Fahrrad	a car [ə kah]/a bike [ə baik]
ein Boot	a boat [ə bout]
ein Wohnmobil	a motorhome [ə 'moutəhoum]/
	RV (recreational vehicle) [ar'wih]
Tankstelle	gas station [gäss ssteyschn]
Benzin/Diesel	gas [gäss]/diesel [dihsl]
Panne/Werkstatt	breakdown ['breykdaun]/repair shop [ri'peə schop]

ESSEN UND TRINKEN

Reservieren Sie uns bitte für heute Abend einen Tisch für vier Personen	Would you please make a reservation for a table of four for tonight? [wud ju plihs meyk ə 'resəveyschən foa ə 'teybl əf 'foa foh tunait?]
Die Speisekarte, bitte	The menue please [ðe menju plihs]
Könnte ich ... haben?	Could I please have ...? [kud ai plihs häf ...?]
Vegetarier(in)/Allergie	vegetarian [wedsche'tərian]/allergy ['älədschi]
Ich möchte zahlen, bitte	Could I have the check, please? [kud ai häf ðə tschek plihs]

EINKAUFEN

Wo finde ich ...?	Where would I find ...? ['weə wud ai 'faind ...?]
Ich möchte .../	I'd like ... [aid laik ...]/
Ich suche ...	I'm looking for ... [aim luking foə ...]
Apotheke/Drogerie	pharmacy ['fahməssi]/drugstore ['dragstoə]
Einkaufszentrum	shopping center ['schopping 'ssentə]
teuer/billig/Preis	expensive [iks'penssif]/cheap [tschihp]/price [praiss]
mehr/weniger	more [moə]/less [less]
aus biologischem Anbau	organically grown [or'gänikəli groun]

ÜBERNACHTEN

Ich habe ein Zimmer reserviert.	I've reserved a room [aif ri'söəvd ə ruhm]
Haben Sie noch ein ...	Do you still have a ... [du ju sstil häf ə]
Einzelzimmer	single room [ssingl ruhm]
Doppelzimmer	room for two [ruhm foə tuh]
(Wohnmobil)Stellplatz	stall [sstal]/space [sspeyss]
Frühstück/Halbpension	breakfast ['brekfəst]/European plan [juro'piən plän]
Vollpension	American plan [ə'märikan plän]/full board [ful boərd]
zum Meer/zum See	oceanfront [ouschnfrant]/lakefront [leykfrant]
Dusche/Bad	shower [schauə]/sit down bath [ssit daun bäð]
Balkon/Terrasse	balcony ['bälkoni]/terrasse ['terəss]
Schlüssel/Zimmerkarte	key [kih]/room access card [ruhm 'äksess kard]
Gepäck/Koffer/Tasche	luggage ['lagitsch]/suitcase ['ssuhtkeys]/bag [bäg]

BANKEN UND GELD

Bank/Geldautomat	bank [bänk]/ATM [ey ti em]
Geheimzahl	pin code [pin koud]
Ich möchte ... Euro wechseln	I'd like to change ... Euro [aid laik tə tscheynsch ... jurou]
bar/Kreditkarte	cash [käsch]/credit card [kredit kard]
Banknote/Münze	bill [bil]/coin [koin]

GESUNDHEIT

Arzt/Zahnarzt/	doctor ['doktə]/dentist ['dentist]/
Kinderarzt	pediatrician [pedia'trischən]
Krankenhaus/	hospital ['hospitl]/
Notfallpraxis	emergency clinic [i'mertschənsi 'klinik]
Fieber/Schmerzen	feaver [fihvə]/pain [peyn]
Durchfall/Übelkeit	diarrhea [daiə'riə]/sickness ['ssikness]
Sonnenbrand/-stich	sunburn ['ssanbörn]/sunstroke ['ssanstrouk]
Rezept	prescription [prəs'kripschən]
Schmerzmittel/Tablette	pain killer [peyn kilə]/pill [pill]

TELEKOMMUNIKATION & MEDIEN

Briefmarke/Brief	stamp [sstämp]/letter ['lettə]
Postkarte	postcard ['poustkahd]
Ich brauche eine Telefon-	I need a phone card for long distance calls
karte für Ferngespräche	[ai nihd ə foun kahd for long disstants kahls]
Ich suche eine Prepaid-	I'm looking for a prepaid-card for my cell phone
Karte für mein Handy	[aim luking foə a foun kahd foə mai ssell foun]
Wo finde ich einen	Is there internet access here somewhere?
Internetzugang?	[is θeə 'internet 'äksess hiə 'ssamweə]
Brauche ich eine	Do I need a special area code?
spezielle Vorwahl?	[duh ai nihd a 'speschəl äera koud]
Steckdose/Adapter/	wall plug [wahl plag]/adapter [ə'däptə]/
Ladegerät	charger [tschatschə]
Computer/Batterie/Akku/	computer/battery/recharchable battery['bäteri]
WLAN	[re'tschahtschablə bäteri]/Wi-Fi ['waifai]

FREIZEIT, SPORT UND STRAND

Strand	beach [bihtsch]
Sonnenschirm/Liegestuhl	sun shade [ssan scheyd]/beach chair [bihtsch tscheə]
Fahrrad-/Mofa-Verleih	bike ['baik]/scooter rental ['skuhtə rentəl]
Vermietladen	rental shop [rentəl schop]
Übungsstunde	lesson ['lessən]

ZAHLEN

1/2	a/one half [ə/wan 'hahf]		200	two hundred ['tuh 'handrəd]
1/4	a/one quarter [ə/wan 'kwohtə]		1000	(one) thousand [('wan) θausənd]
100	(one) hundred [('wan) 'handrəd]		2000	two thousand ['tuh θausənd]
100	(one) hundred [('wan) 'handrəd]		10 000	ten thousand ['tän θausənd]

CITYATLAS

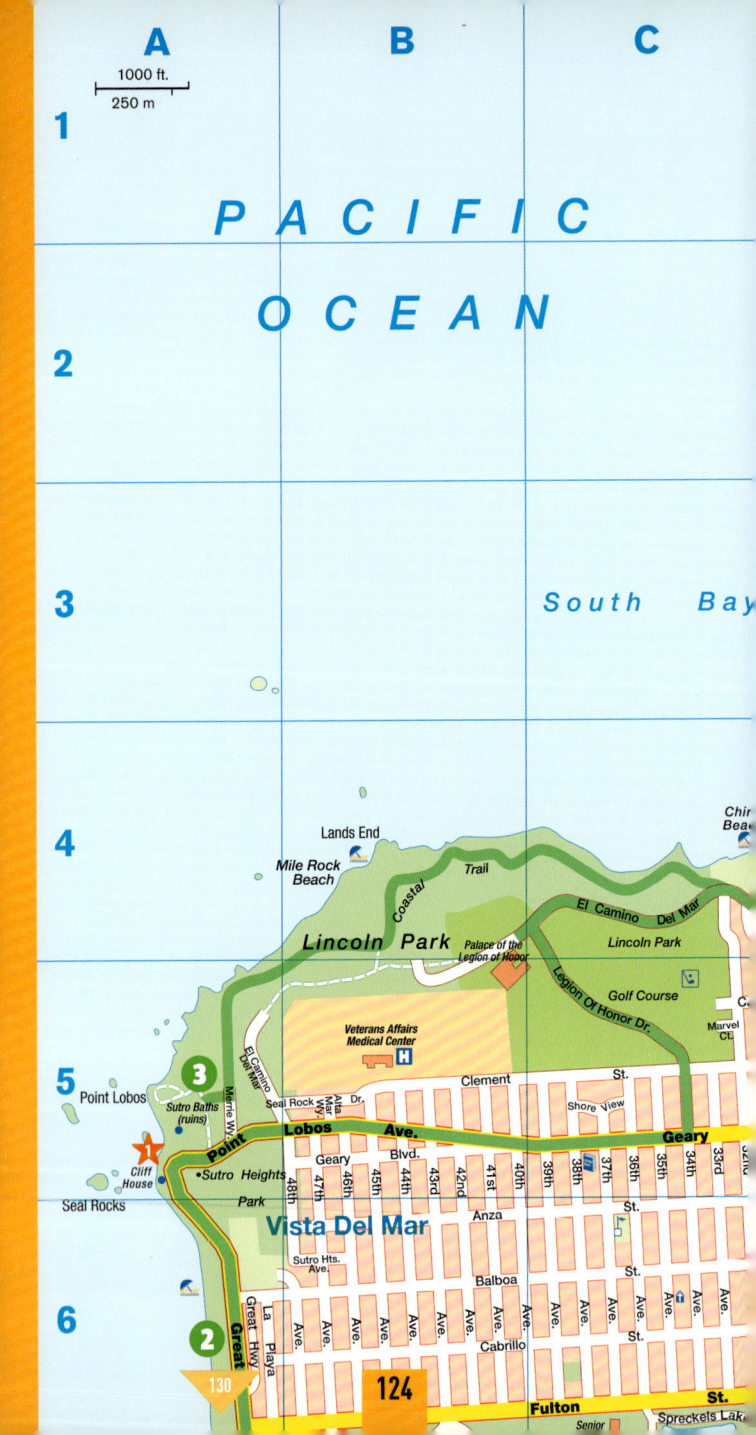

A   **B**   **C**

1000 ft.
250 m

1

P A C I F I C

O C E A N

2

3

South   *Bay*

Lands End

Chir
Bea

Mile Rock
Beach

Trail

4

Coastal

El Camino   Del Mar

Lincoln Park

Lincoln Park

Palace of the
Legion of Honor

Golf Course

Legion Of Honor Dr.

Marvel
Ct.

C.

Veterans Affairs
Medical Center

Clement   St.

Shore View

5

Point Lobos

3

Sutro Baths
(ruins)

Seal Rock

Alta
Mar
Wy.

Dr.

Lobos   **Ave.**

Geary

34th

33rd

35th
36th
37th
38th
39th
40th
41st
42nd
43rd
44th
45th
46th
47th
48th

Cliff
House

• *Sutro Heights*
Park

Point

Geary

Blvd.

Seal Rocks

Vista Del Mar

Anza

Sutro Hts.
Ave.

Balboa   St.

6

2

130

Great

La
Playa

Great Hwy.

Ave.
Ave.
Ave.
Ave.
Ave.
Ave.
Ave.
Ave.
Ave.
Ave.
Ave.

Cabrillo

St.
St.

124

Fulton   **St.**

Senior

Spreckels Lak

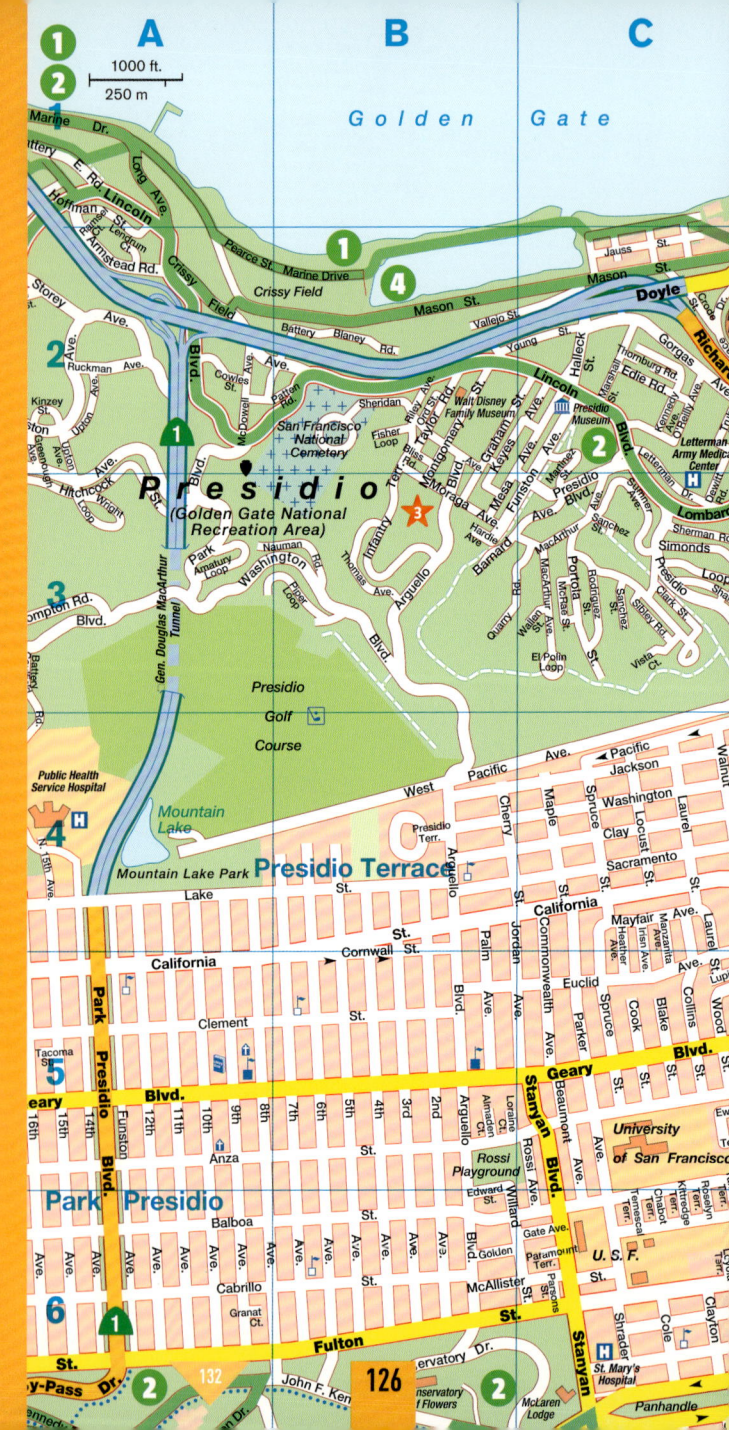

Golden Gate

A B C

1000 ft.
250 m

Marine Dr.

Battery E. Rd. Lincoln

Long Ave.

Hoffman

Armstead Rd.

Storey Ave.

Ruckman Ave.

Kinzey St.

Hitchcock

Pearse St. Marine Drive

Crissy Field

Mason St.

Battery Blaney Rd.

Young St.

Sheridan

San Francisco National Cemetery

Fisher Loop

Bliss Rd.

Presidio

(Golden Gate National Recreation Area)

Park Armistry Loop

Washington

Nauman

Gen. Douglas MacArthur Tunnel

Presidio Golf Course

Public Health Service Hospital

Mountain Lake

Mountain Lake Park

Presidio Terrace

West Pacific Ave.

Lake

California

Cornwall St.

California St.

Clement St.

Tacoma St.

Geary

16th 15th 14th Funston 12th 11th 10th 9th 8th 7th 6th 5th 4th 3rd 2nd Arguello

Park Presidio

Anza

Balboa Ave.

Cabrillo Ave.

Granat Ct.

Fulton St.

By-Pass Dr.

Doyle

Richard

Pa Fi

Jauss St.

Mason St.

Gorgas Ave.

Homburg Ave.

Halleck St.

Edie Rd.

Lincoln Blvd.

Walt Disney Family Museum

Presidio Museum

Letterman Army Medical Center

Lombard

Sherman Rd.

Simonds Loop

Clark St.

Presidio

Portola Ave.

El Polin Loop

Vista Ct.

Pacific Ave.

Jackson St.

Washington

Clay St.

Sacramento

California

Commonwealth Ave.

Euclid Ave.

Spruce St.

Parker Ave.

Cook St.

Blake St.

Collins St.

Wood St.

Geary Blvd.

Beaumont

Rossi Playground

Edward St.

Willard

Gate Ave.

Golden Gate Ave.

Paramount Terr.

McAllister St.

U.S.F.

University of San Francisco

St. Mary's Hospital

Panhandle

John F. Ken

Conservatory Dr.

Conservatory of Flowers

McLaren Lodge

132

126

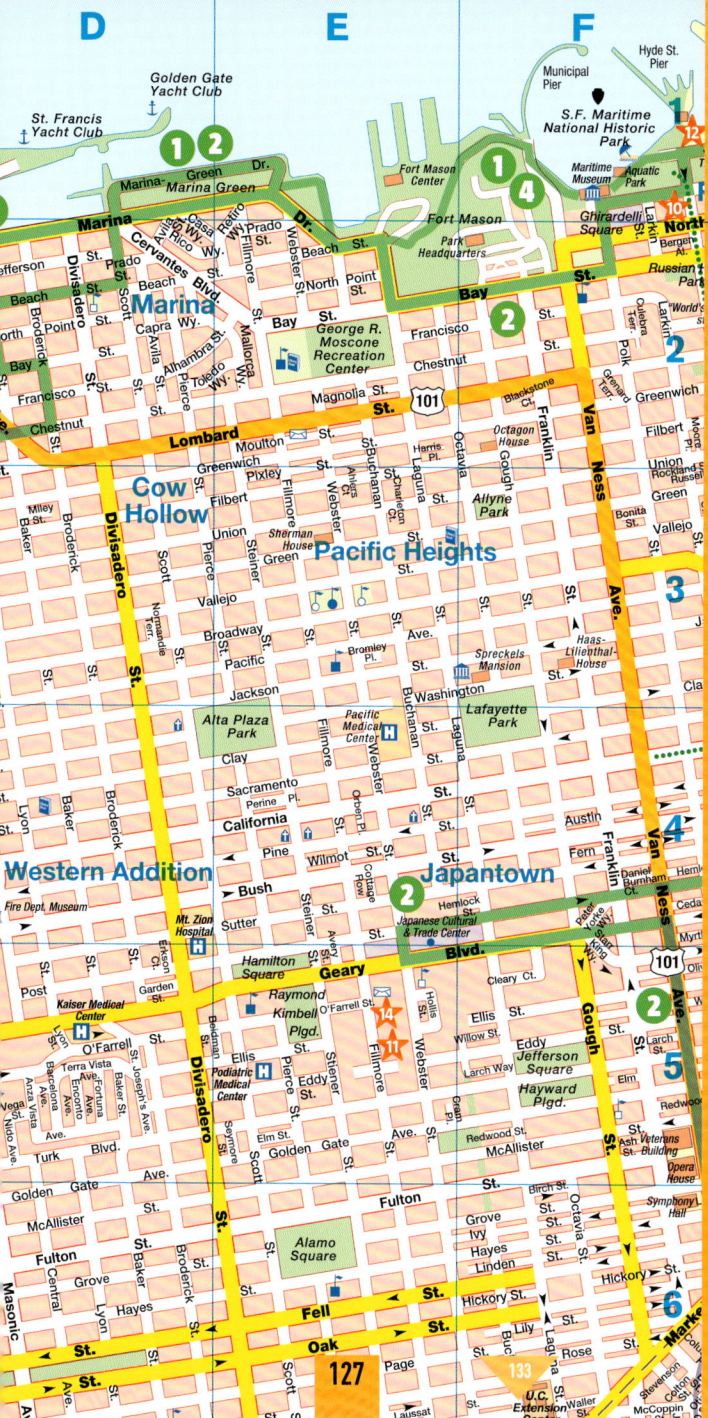

D E F

Golden Gate Yacht Club

St. Francis Yacht Club

Municipal Pier

Hyde St. Pier

S.F. Maritime National Historic Park

Green Marina Green
Marina Blvd. Dr.

Fort Mason Center

Maritime Museum

Aquatic Park

Ghirardelli Square

North

Russian

Fort Mason

Marina

Park Headquarters

Jefferson St.
Beach St.
North Point St.
Bay St.

Marina

Francisco St.
Chestnut St.

Prado St.
Beach St.
Bay St.
Francisco St.
Chestnut St.

Cervantes Blvd.
Divisadero St.
Broderick St.
Scott St.
Pierce St.
Avila St.
Alhambra St.
Mallorca Wy.
Toledo Wy.
Capra Wy.

Casa Wy.
Jennings Wy.
Prado St.
Retiro Wy.
Fillmore St.
Webster St.
Beach St.
North Point St.

Bay St.

George R. Moscone Recreation Center

Francisco St.
Chestnut St.

Magnolia St.
101

Blackstone Ct.
Greenwich St.
Filbert St.

Lombard St.

Moulton St.
Greenwich
Pixley
Filbert
Union
Green
Vallejo
Broadway
Pacific
Jackson

Cow Hollow

Miley St.
Broderick St.
Baker St.
Divisadero St.
Scott St.
Normandie Terr.
Pierce St.
Steiner St.

Webster St.
Buchanan St.
Charlton St.
Laguna St.
Octavia St.
Gough St.

Octagon House

Harris Pl.

Ailyne Park

Pacific Heights

Sherman House

Haas-Lilienthal House

Bromley Pl.

Spreckels Mansion

Washington St.
Lafayette Park

Western Addition

Alta Plaza Park

Pacific Medical Center

Buchanan St.
Laguna St.
Fillmore St.
Webster St.
Octavia St.

Clay
Sacramento
California
Pine
Bush
Sutter

Perine Pl.

Wilmot St.

Cottage Row

Japantown

Japanese Cultural & Trade Center

Hemlock
Austin
Fern
Daniel Burnham Ct.
Peter Yorke Wy.

Lyon St.
Baker St.
Broderick St.
Divisadero St.
Scott St.
Pierce St.
Steiner St.
Avery St.

Fire Dept. Museum

Mt. Zion Hospital

Hamilton Square

Geary Blvd.

Franklin
Van Ness Ave.
Gough St.

Kaiser Medical Center

Post St.
O'Farrell St.
Ellis St.
Eddy St.
Turk Blvd.
Golden Gate Ave.
McAllister St.
Fulton St.

Garden St.
St. Joseph's Ave.
Fortuna Ave.
Terra Vista Ave.
Encanto Ave.
Anza St.
Barcelona Ave.
Vega St.
Nido Ave.

Raymond Kimbell Plgd.

Podiatric Medical Center

Elm St.
Golden Gate Ave.

Scott St.
Pierce St.
Steiner St.
Fillmore St.
Webster St.

O'Farrell St.

Cleary Ct.

Willow St.
Larch Way

Hollis St.
Larkin

Eddy
Jefferson Square

Hayward Plgd.

Ash St.
Redwood St.
McAllister
Birch St.
Grove
Ivy
Hayes
Linden

Octavia St.

Veterans Building

Opera House

Symphony Hall

Hickory

Gough St.
Franklin St.

Alamo Square

Masonic Ave.
Lyon St.
Baker St.
Broderick St.
Divisadero St.
Scott St.

Fulton
Grove
Hayes

Fell St.
Oak St.

Hickory St.
Lily
Rose
Page
Laussat

Buchanan St.
Laguna St.

U.C. Extension Center

McCoppin
Waller St.
Stevenson

Market

127 133

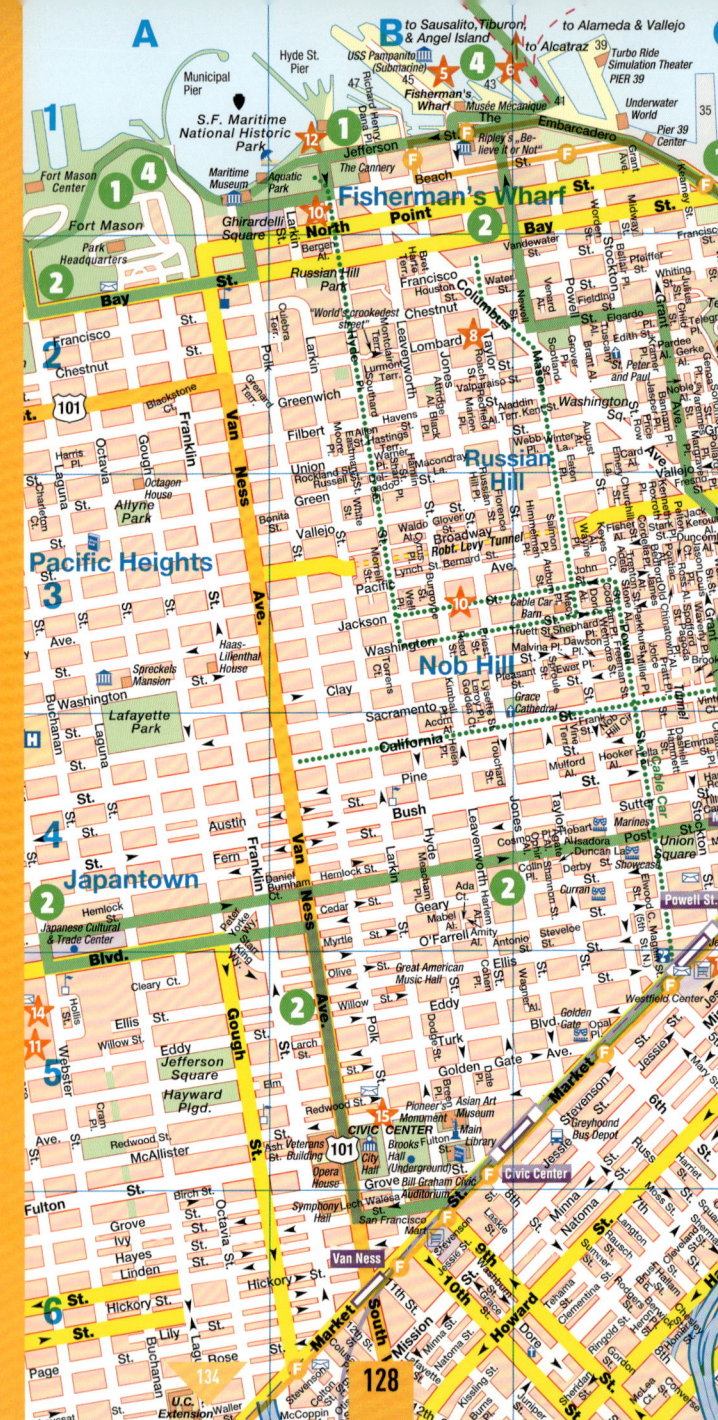

D **E** **F**

1000 ft.
250 m

1

San Francisco Bay

31

29

27

to Tiburon, Vallejo, Sausalito, Larkspur

2

23

19

17

15

9

to East Bay

BART Trans-Bay Tube

North Beach

Broadway

to Alameda

3

S.G. Walton Sq.

Jackson St.

Justin Herman Plaza
Embarcadero Center

15

to Harbor Bay Isle

3

Maritime Plaza

2

World Trade Center/Ferry Building

1

101 California St. bldg.

2

City Front District
Folsom & The Embarcadero

Cable Car

Steuart St.

Spear St.

Rincon Center

Embarcadero

Pier 24

Market St.

Fremont St.

Howard St.

temp. Transbay Transit Terminal

Pier 26

4

Main St.

Beale St.

Stevenson St.
Anthony St.

Minna St.

Natoma St.

Folsom St.

Pier 28

Pier 30

Museum of Modern Art

Cartoon Art Museum

9

Harrison St.

Bayside Village

2

South of Market (SoMa)

Moscone Center

Yerba Buena Gardens

3rd St.

Bryant St.

South Beach

Pier 34

Brannan & The Embarcadero

Pier 36

80

Pier 38

Pier 40

4th St.

Ritch St.
Zoe St.

3rd St.

SF-

St.

South Beach Harbor

Shipley St.
Clara St.

Welsh St.
Freelon St.

Branan St.

King St.

Townsend St.

2nd & King St.

AT&T Park

Willie Mays Plaza

5

Bluxome St.

Caltrain St.

Berry St.

3rd St.

2

4th & King St.

Berry St.

Channel St.

4th St.

on 5th

Terry A. Francois Blvd.

Pier 48

Pier 50

Mission Rock Terminal

Pier 52

6

129 135

A

B

C

Sutro Hts. Ave.

Balboa

St.

124

Vista Del Mar

Cabrillo

Ave.

St.

2

La Playa

Ave.

Ave.

Ave.

Great Hwy

1

Fulton St.

Spreckels Lake

Senior Citizen Center

Dutch Windmill

North Lake

Spreckel Lake

Ocean

John F. Kennedy Dr.

Beach Chalet

Municipal Golf Course

Chain Of Lakes Dr.

Model Yacht Club

Stables

2

G o l d

Golden G Equestrian Cen Stadium & Polo

Beach

Soccer Fields

Anglers Lodge Middle Lake

2

Highway

John F. Kennedy Dr. E.

Murphy Windmill

Martin Luther King Jr. Dr.

South Lake

Middle Dr. W.

Ms

Martin Luther King

Lincoln Wy.

St.

Irving

St.

La Playa

Sunset Blvd.

3

Judah

St.

Kirkham

St.

48th 47th 46th 45th 44th 43rd 42nd 41st 40th 39th 38th 37th 36th 35th 34th

Lawton

St.

Suns

Great Hwy.

Moraga

Ave.

Ave. Ave. Ave. Ave. Ave. Ave. Ave. Ave.

4

Noriega St.

Ocean

Ortega St.

West Sunset Plgd.

Sunset

Pache

Beach

Pacheo

St.

5

Quintara

St.

Great Hwy.

Rivera

St.

48th 47th 46th 45th 44th 43rd 42nd 41st 40th 39th 38th 37th 36th 35th

Santiago

St.

Sunset Blvd.

Taraval St.

Ave. Ave. Ave. Ave. Ave. Ave. Ave.

6

Ulloa St.

2

2

1000 ft.

Vicente

South Sunset Plgd.

Sunset Blvd

250 m

130

Wawona

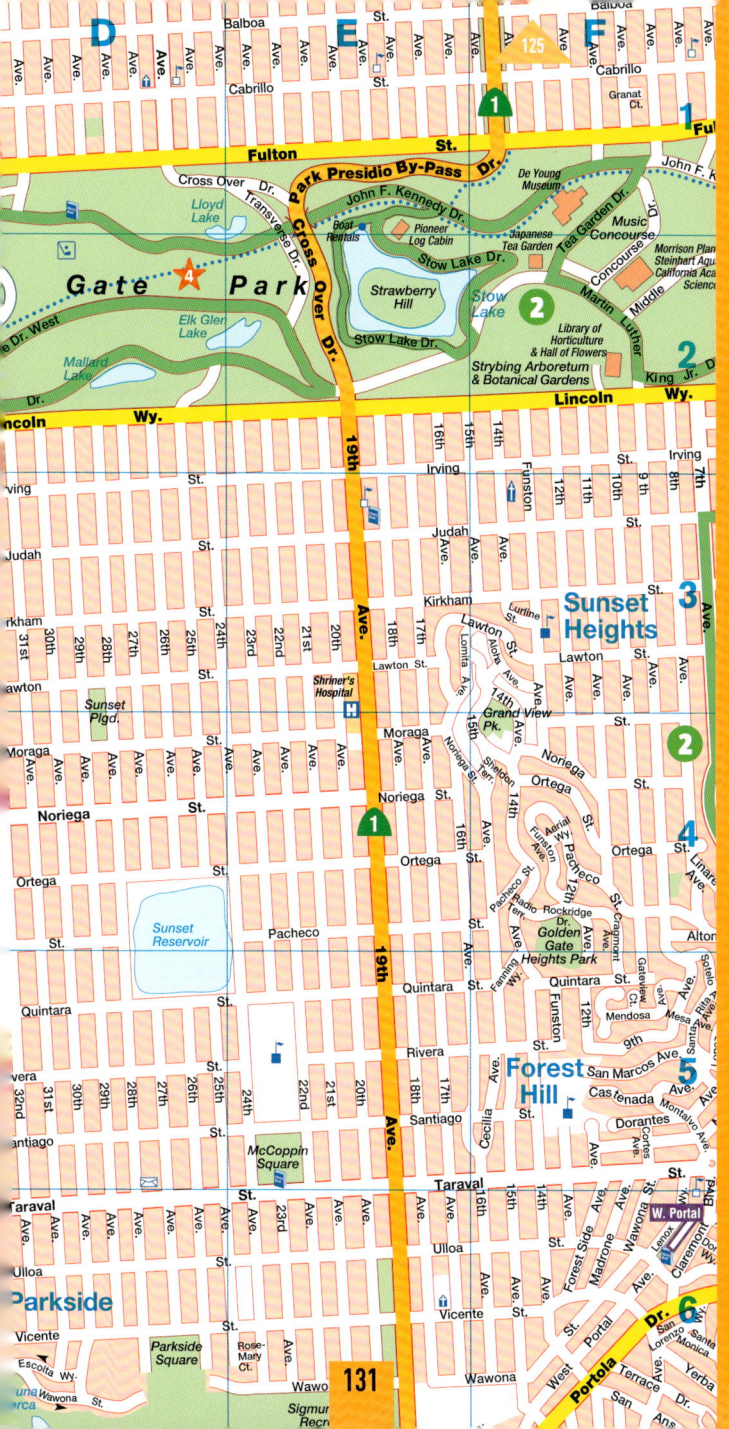

D **E** **F**

Balboa St.
Balboa Ave.

Cabrillo Ave.

Cabrillo
Granat
Ct.

1 Ful

Fulton St.

Park Presidio By-Pass Dr.

Cross Over Dr.

Lloyd Lake

Transverse Dr.

John F. Kennedy Dr.

Boat Rentals

Pioneer Log Cabin

De Young Museum

Japanese Tea Garden

Music Concourse

Morrison Plan
Steinhart Aqua
California Aca
Scienc

G a t e **P a r k** **4**

Stow Lake Dr.

Strawberry Hill

Stow Lake

2

Middle

Cross Over Dr.

Dr. West

Elk Glen Lake

Mallard Lake

Stow Lake Dr.

Library of Horticulture & Hall of Flowers

Strybing Arboretum & Botanical Gardens

Martin Luther

Concourse

Tea Garden Dr.

2

King Jr. D

Dr.

Lincoln Wy.

incoln Wy.

16th
15th
14th

Irving

9th
Irving

7th

rving

Irving

St.

Funston

12th
11th
10th
8th

3

Sunset Heights

Judah

Judah Ave.

St.

Ave.

Kirkham

Lurline

Ave.

Lawton

St.

rkham
31st
30th
29th
28th
27th
26th
25th
24th
23rd
22nd
21st
20th
18th
17th

Lomita Ave.
Aloha Ave.

Lawton St.

14th Grand View Pk.

2

awton

Sunset Plgd.

Shriner's Hospital

15th

Moraga

Noriega

Ortega

2

Moraga Ave.

St.

Noriega
Moraga
Ave.

Sheldon

14th

Ave.

Ortega

St. Linare Ave.

4

1

Aerial Wy.

Funston Ave.

Pacheco

12th

St.

Ortega

Noriega St.

Ortega

16th

Pacheco St.

Radio Terr.
Rockridge Dr.

Ave.

Alton

Sunset Reservoir

Pacheco

Golden Gate Heights Park

Fanning Wy.

Cragmont

Quintara St.

Gateview

Soleto

Quintara

Ave.

Quintara

18th
17th

Funston

12th

Mendosa

Mesa Ave.

5

vera
32nd
31st
30th
29th
28th
27th
26th
25th
24th
22nd
21st
20th

Rivera

9th

San Marcos Ave.

Santiago

Ave.

Cecilia

Santiago

Forest Hill

Castenada

Dorantes

Montalvo Ave.

Cortes

santiago

McCoppin Square

Taraval St.

16th
15th
14th

W. Portal

Claremont

Portal

6

araval

Taraval Ave.

Ulloa

Ulloa

Forest Side

Madrone

Wawona

West

San

San
Lorenzo
Santa
Monica

Yerba

Ulloa
32nd

Parkside

Vicente

Vicente

Portola Dr.

Parkside Square

Rose-Mary Ct.

Ave.

Wawo

Terrace

San

Dr.

San Ans

Escotta Wy.
una Wawona
erca

Sigmun
Recr

131

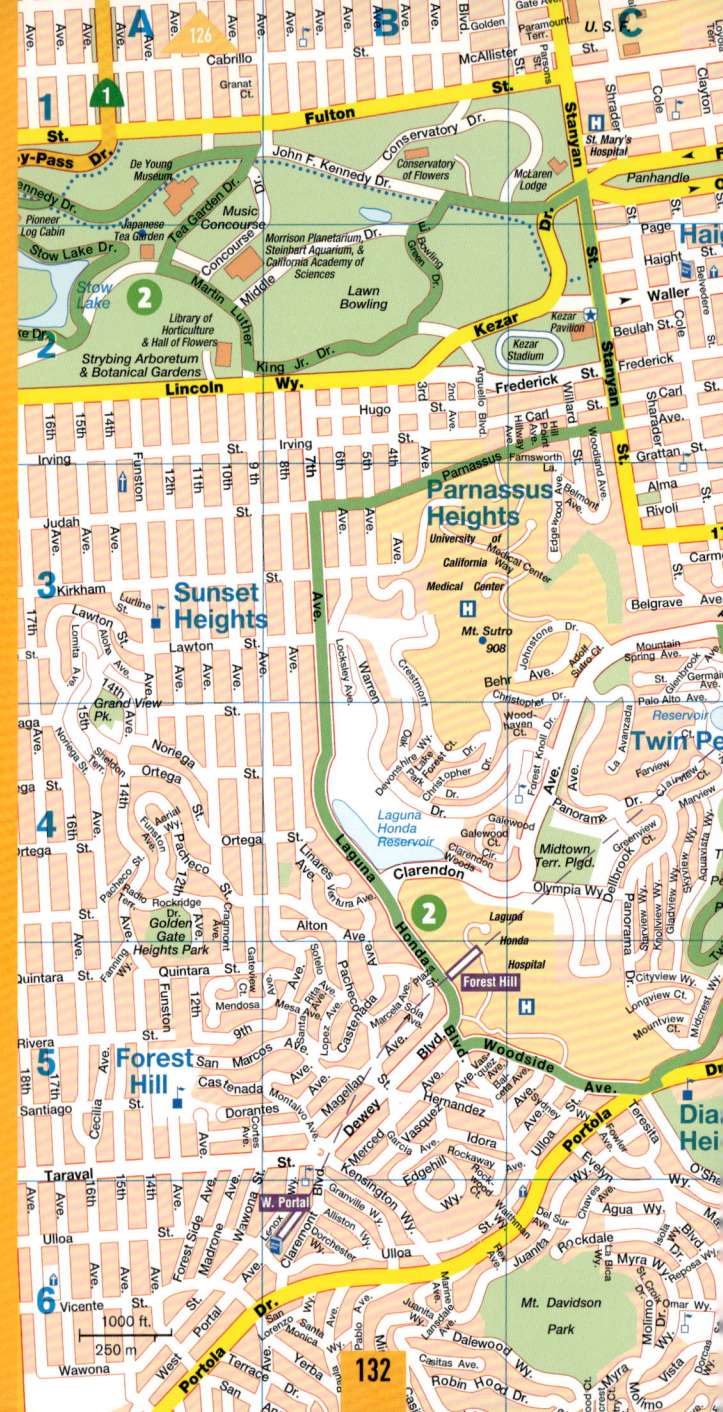

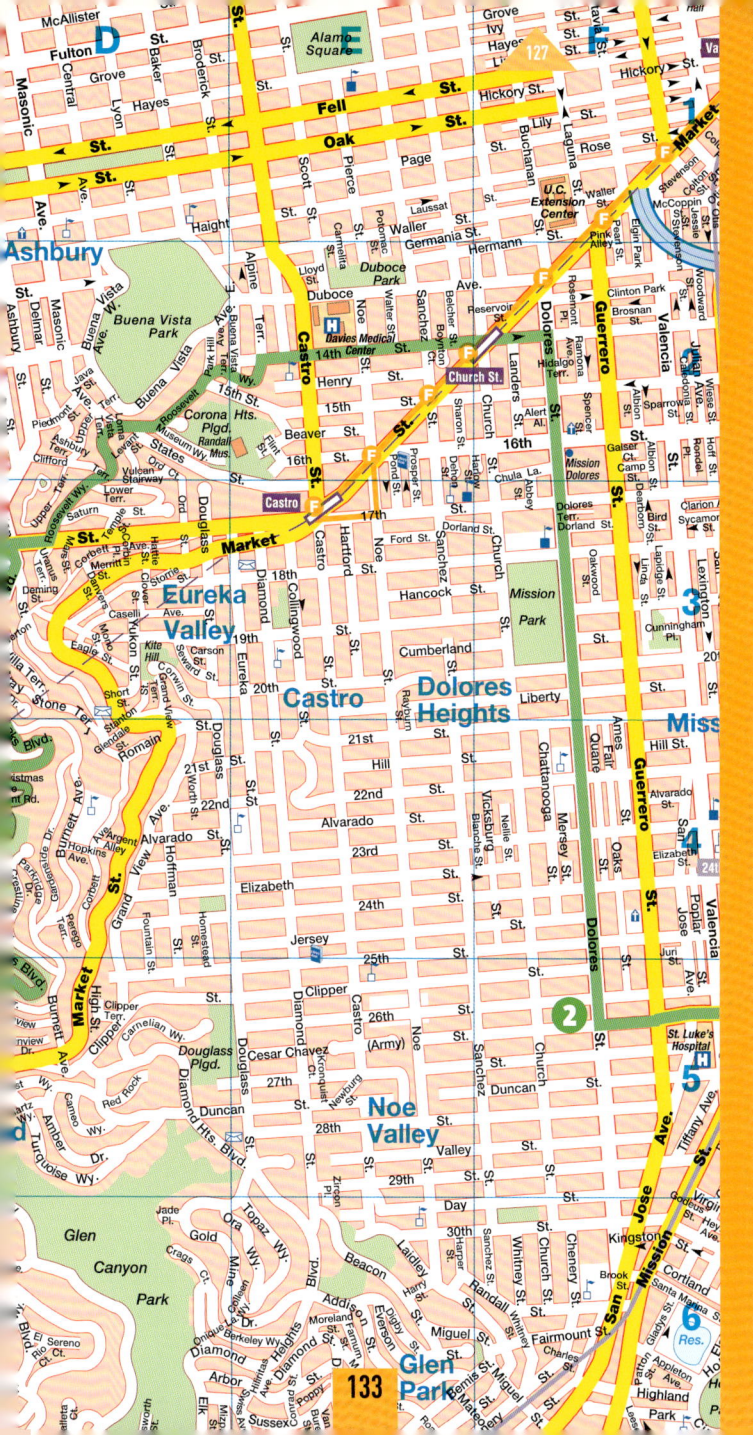

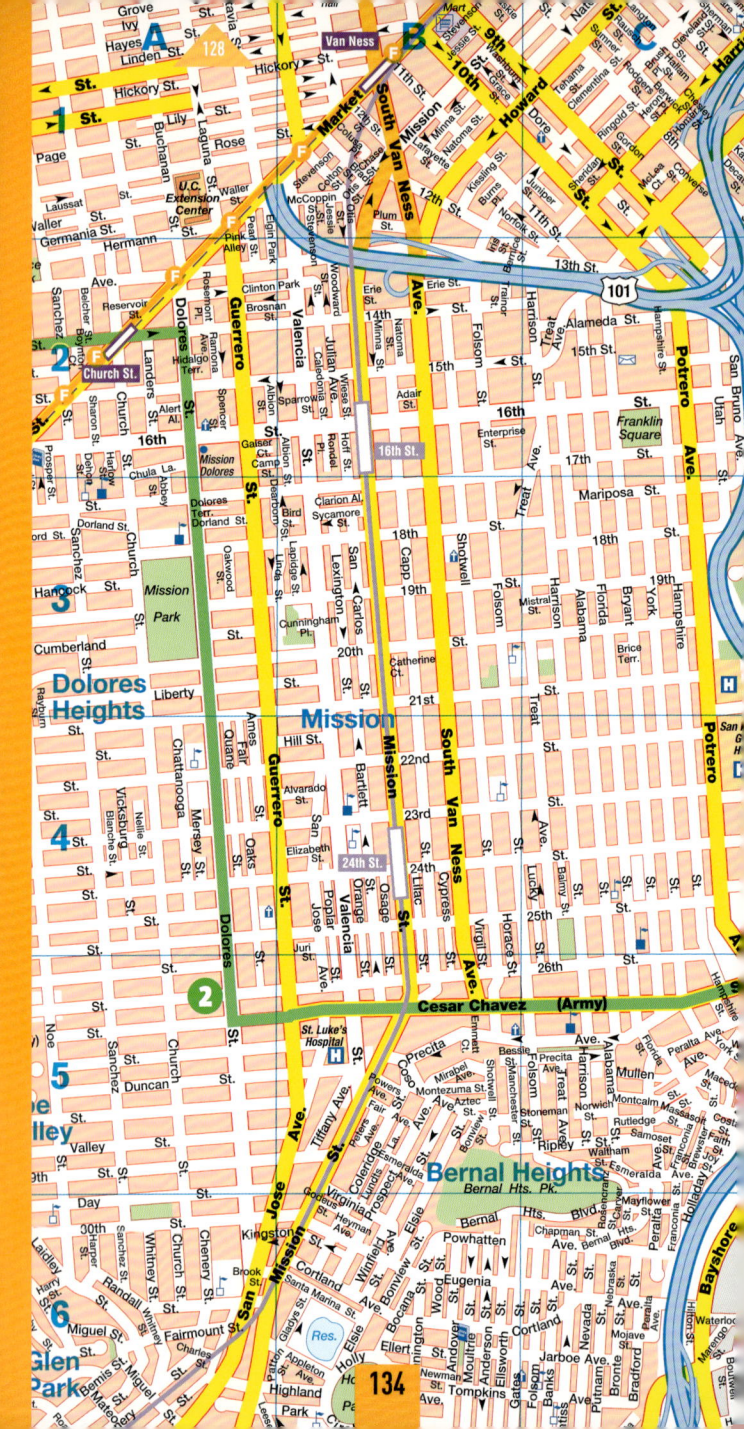

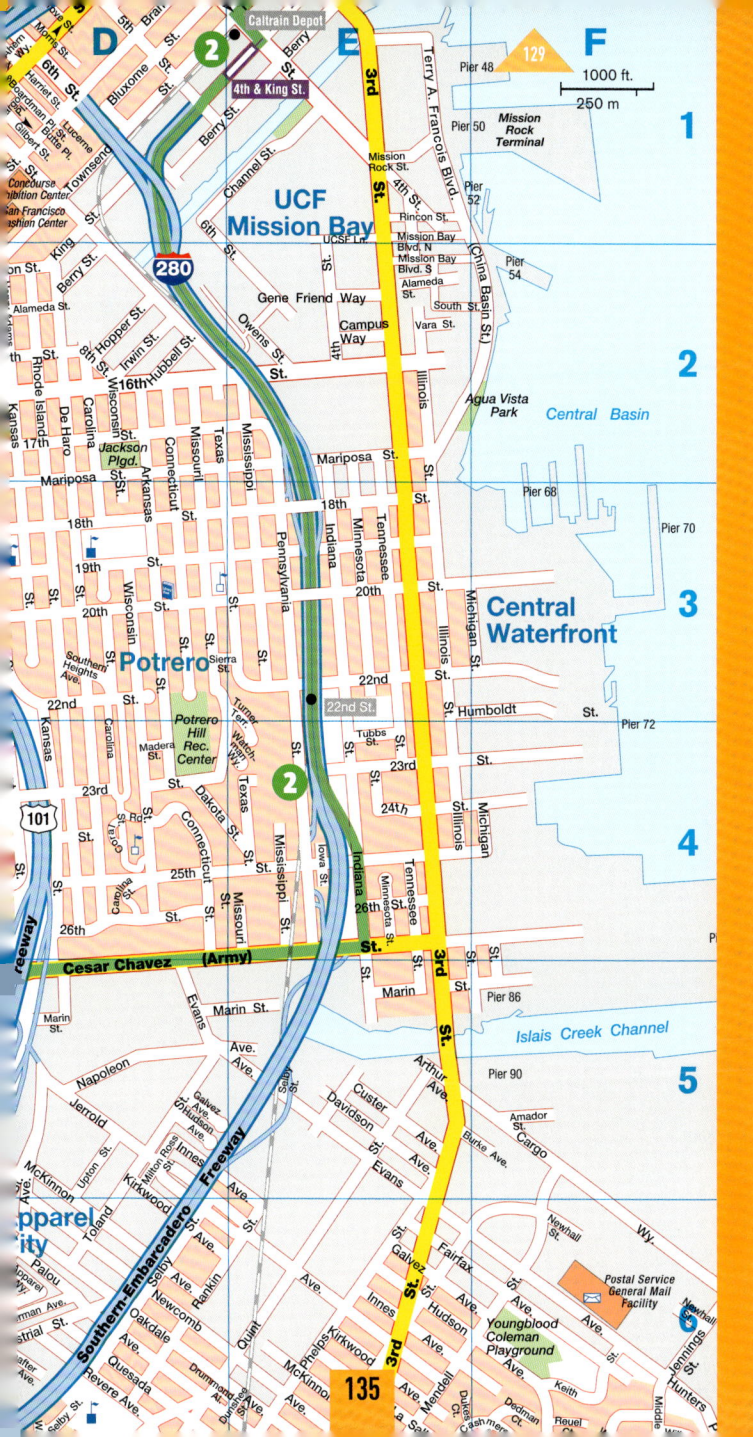

Das Register enthält eine Auswahl der im Cityatlas dargestellten Straßen und Plätze

KARTENLEGENDE

Autobahn
Expressway

Gebührenpflichtige Autobahn
Toll Expressway

Fernverkehrsstraße
Highway

Staatsstraßennummer
Interstate Highway Number

Bundesstraßennummer
U. S. Highway Number

Regionale Staatsstraßennummer
State Highway Number

Hauptstraße
Arterial Road

Einbahnstraße
One Way Street

Eisenbahn
Railway

Caltrain Bahnhof
Caltrain Station

BART Eisenbahn
BART Line

BART Bahnhof
BART Station

Straßenbahn
Cable Car

Historische Straßenbahn
Historic Streetcar

MUNI U-Bahnlinie
MUNI Metro Line

MUNI U-Bahnstation
MUNI Metro Station

Strand
Beach

Yachthafen
Marina

Nationalpark
National Park

Sonstiger Park
Other Park

Golfplatz
Golf Course

Friedhof
Cemetery

Wanderweg
Walking Trail

Radweg
Bicycle Path

Zeltplatz
Campground

Freibad
Outdoor Swimming Pool

Hallenbad
Indoor Swimming Pool

Tennisplatz
Tennis Court

MARCO POLO Highlight

Bezirksgrenze
Municipal Boundary

Gemeindezentrum
Community Centre

Einkaufszentrum
Shopping Centre

Spirituosengeschäft
Liquor Store

Hotel/Motel
Hotel/Motel

Geschäftsviertel
Shopping District

Feuerwehrhaus
Fire Hall

Polizeiwache
Police Station

Krankenhaus
Hospital

Post
Post Office

Rathaus
City or Town Hall

Reiseinformation
Travel Information

Gericht
Court House

Busbahnhof
Bus Terminal

Kirche
Palace of Worship

Stadtbücherei
Public Library

Theater oder Konzertsaal
Live Theatre or Concert Hall

Museum oder Kunstgalerie
Museum or Art Gallery

Kino
Cinema

Denkmal/Kunstwerk
Monument/Public Art

Weinhandlung
Winery

Grundschule
Public Elementary School

Hauptschule
Public Secondary School

Kirchliche Grundschule
Parochial Elementary School

Kirchliche Hauptschule
Parochial Secondary School

Privatschule
Private School

Hochschule
College

Stadtspaziergänge
Walking tours

MARCO POLO Highlight

Paul Ave.

Powell St.

Church

VICTO

FÜR DIE NÄCHSTE REISE ...

ALLE **MARCO POLO** REISEFÜHRER

REGISTER

In diesem Register sind alle im Reiseführer erwähnten Sehenswürdigkeiten und Ausflugsziele sowie einige wichtige Straßen, Plätze und Personen aufgeführt. Gefettete Seitenzahlen verweisen auf den Haupteintrag, U verweist auf den Umschlag vorne.

SCHREIBEN SIE UNS!

SMS-Hotline: 0163 6 39 50 20

Egal, was Ihnen Tolles im Urlaub begegnet oder Ihnen auf der Seele brennt, lassen Sie es uns wissen! Ob Lob, Kritik oder Ihr ganz persönlicher Tipp – die MARCO POLO Redaktion freut sich auf Ihre Infos.

Wir setzen alles dran, Ihnen möglichst aktuelle Informationen mit auf die Reise zu geben. Dennoch schleichen sich manchmal Fehler ein – trotz gründ-

E-Mail: info@marcopolo.de

licher Recherche unserer Autoren/innen. Sie haben sicherlich Verständnis, dass der Verlag dafür keine Haftung übernehmen kann. Kontaktieren Sie uns per SMS, E-Mail oder Post!

MARCO POLO Redaktion
MAIRDUMONT
Postfach 31 51
73751 Ostfildern

IMPRESSUM

Titelbild: Golden Gate Bridge (Laif: hemis.fr)

Fotos: R. Austinat (1 u., 23, 30, 32, 34, 38, 56, 66, 69, 77, 85, 87, 94, 97); W. Dieterich (36, 44, 49, 62, 71, 93, 110 o.); EAT Restaurant (16 u.); Getty Images/Flickr: Hal Bergman Photography (57); Getty Images/Photodisc: Mahaux (24 r.); Huber: Canali (24 l.), Hallberg (54), Huber (10/11), Kremer (Klappe l.), 122/123); © iStockphoto. com: John Kropewnicki (17 u.); Laif: hemis.fr (1 o.); Laif/hemis.fr: Renault (100); Laif/Polaris: Tambunan (107); Laif/Redux/The New York Times: DaSilva (105), Randl L. Beach (90), Wilson (3 M., 5, 78, 80/81, 106/107); Laif/ Redux: Drew Kelly (68 r.); Laif: Falke (Klappe r.), hemis.fr (1 o.), Modrow (12/13, 25), Perousse (41, 65, 82), Redux (74); UPI (106); Look: Age Fotostock (47, 58), Fleisher (15), Martini (42); mauritius images/Age Fotostock: Hamilton (20); mauritius images/imagebroker: Kohls (46); mauritius images: AGE (6), Alamy (52, 104), Fagot (2 M. u., 26/27), Foodpix (68 l.), Kinne (3 u., 88/89), Scott (98/99), Unverzagt (16/17); Mission Bicycle: Zachary Rosen (16 M.); pARADOX aRTS: Lori B Bloustein (17 o.); Reware Style: emiko-o (16 o.); T. Stankiewicz (2 u., 3 o., 7, 9, 50, 60/61, 72/73, 110 u., 111); vario images: Etsabild (104/105), imagebroker (2 M. o., 8), McPHOTO (2 o., 4, 51), RHPL (102)

12. Auflage 2012
Komplett überarbeitet und neu gestaltet
© MAIRDUMONT GmbH & Co. KG, Ostfildern
Chefredaktion: Michaela Lienemann (Konzept, Chefin vom Dienst), Marion Zorn (Konzept, Textchefin)
Autor: Michael Schwelin, Koautor: Roland Austinat
Redaktion: Marlis v. Hessert-Fraatz, Verlagsredaktion: Ann-Katrin Kutzner, Nikolai Michaelis, Silwen Randebrock
Bildredaktion: Gabriele Forst, Barbara Schmid
Im Trend: wunder media, München
Kartografie Reiseatlas: © MapMedia Corp., Toronto, ON, Canada M9W 1B3;
Kartografie Faltkarte: © MAIRDUMONT, Ostfildern
Innengestaltung: milchhof:atelier, Berlin; Titel, S. 1, Titel Faltkarte: factor product münchen
Sprachführer: in Zusammenarbeit mit Ernst Klett Sprachen GmbH, Stuttgart, Redaktion PONS Wörterbücher
Das Werk einschließlich aller seiner Teile ist urheberrechtlich geschützt. Jede urheberrechtsrelevante Verwertung ist ohne Zustimmung des Verlags unzulässig und strafbar. Das gilt insbesondere für Vervielfältigungen, Übersetzungen, Nachahmungen, Mikroverfilmungen und die Einspeicherung und Verarbeitung in elektronischen Systemen.
Printed in Germany. Gedruckt auf 100% chlorfrei gebleichtem Papier

BLOSS NICHT

Wie man sich mancherlei unangenehme Erfahrungen ersparen kann

AUTO PARKEN OHNE

Ohne – das heißt, ein Auto abstellen, ohne den Gang einzulegen, ohne die Handbremse zu ziehen *und* ohne die Räder so einzuschlagen, dass sie zum Kantstein weisen (Reifen bergab nach rechts, bergauf nach links). Die Polizei verteilt gnadenlos Strafzettel, wenn die Räder nicht eingeschlagen sind.

SELBER LÄUTEN

Die Glockenseile der Cable Cars sind nur für *gripman* und *conductor.* Wenn Sie aussteigen wollen, rufen Sie laut und deutlich: „Next stop, please!"

RAUCHEN

Die Gesundheitswelle ist an der Westküste noch höher geschwappt als an der Ostküste. In Restaurants und Bars ist das Rauchen rigoros verboten.

DEN AUSWEIS VERGESSEN

Wer ohne Altersnachweis in Bars und Clubs will, hat Pech gehabt. Doch auch beim Kreditkartenkauf wird fast immer nach der ID, also nach Pass oder Ausweis gefragt.

ZUM TISCH STÜRZEN

Selbst in einfachen Gaststätten steht ein Hinweisschild hinter dem Eingang, das auffordert: *Please wait to be seated.* Ein *host* oder eine *hostess* führen alle Gäste zu den freien Tischen, wenn diese gesäubert und frisch gedeckt sind. In manchen Restaurants wird Ihnen angeboten, zu einem Drink an der Bar Platz zu nehmen. Den zahlen Sie dann auch dort, bevor es an den Tisch geht.

HELDENTUM AN DEN TAG LEGEN

Sollten Sie einmal überfallen werden: Leisten Sie auf keinen Fall Widerstand! Diejenigen, die Sie bedrohen, sind oft geübte Kämpfer, die teils auch vor Gewalttaten nicht zurückschrecken. Vorsichtsmaßnahme: Die Handtasche quer über die Brust nehmen oder einen Rucksack bzw. eine Gürteltasche tragen. Zeigen Sie Wertsachen nicht demonstrativ, und verzichten Sie lieber auf einen Abendspaziergang durch San Franciscos Parks.

DIE SCHUHWAHL ZU LOCKER NEHMEN

Klar, die Amerikaner sind entspannt. Doch in vielen Clubs und Bars checkt der Türsteher das Schuhwerk – besser, Sie haben feste Lederschuhe im Gepäck.

BEIM TRINKGELD KNAUSERIG SEIN

In Deutschland rundet man das Trinkgeld oft auf einen glatten Betrag auf, in den USA sind 15 Prozent des Rechnungsbetrags Standard. Bedienungen verdienen oft nur einen Hungerlohn und sind nur selten über den Arbeitgeber krankenversichert. Bei besonders gutem oder schlechtem Service entsprechend mehr oder weniger geben.